爆款的秘密

吴帝聪◎编著

地震出版社

图书在版编目（CIP）数据
爆款的秘密 / 吴帝聪编著 .— 北京：地震出版社，
2019.1
ISBN 978-7-5028-4976-4
Ⅰ. ①爆…　Ⅱ. ①吴…　Ⅲ. ①企业管理—产品管理
Ⅳ. ① F273.2
中国版本图书馆 CIP 数据核字 (2018) 第 193241 号

地震版　XM4171

爆款的秘密
吴帝聪　编著
责任编辑：范静泊
责任校对：凌　樱

出版发行：地震出版社
北京市海淀区民族大学南路 9 号　　邮编：100081
发行部：68423031　68467993　　传真：88421706
门市部：68467991　　传真：68467991
总编室：68462709　68423029　　传真：68455221
市场图书事业部：68721982
E-mail：seis@mailbox.rol.cn.net
http://seismologicalpress.com
经销：全国各地新华书店
印刷：三河市九洲财鑫印刷有限公司

版（印）次：2019 年 1 月第一版　　2019 年 1 月第一次印刷
开本：700×1000　　1/16
字数：172 千字
印张：14
书号：ISBN 978-7-5028-4976-4/F(5679)
定价：42. 00 元

前 言

在如今互联网的大环境下，企业是幸运的，同时也是不幸的——传统企业要么转型，求得一线生机；要么被迫退而退出市场竞争的舞台。在激烈的竞争中，企业如果没有爆款，仅凭跟风，很难长久维持。

爆款，实际上就是能够快速聚集大量人气，并能够达到销售火爆的产品。对于企业来讲，能够打造出爆款，是梦寐以求的事情。爆款会吸引广大消费者的目光，为企业带来超乎想象的利润，甚至可以成为整个市场中难以被别人取而代之的霸主。

然而，纵观市场发展，企业花费大量时间、精力和财力打造的爆款往往很快就因市场的快速发展而被取代和被其他品牌所“山寨”，使得企业打造的爆款成为了“短命鬼”。甚至这种爆款实际上并不能称为真正的“爆款”。真正的“爆款”应当是像可口可乐、老干妈那样的产品，能够经历市场的考验，经久不衰。

企业要想打造爆款，成为下一个“可口可乐”或下一个“老干妈”，就需要做到：产品一定要做爆款，传播一定要找爆点，一定让用户“爆炸”，执行一定要“搞爆破”。

产品做爆款：首先就从客户需求出发，只有真正了解客户需求，才能打造出迎合客户需求、让客户尖叫的产品，才能获得用户的认可和信赖；其次需要找用户“痛点”：能够抓住用户“痛点”，并创造出超乎用户期望值的产品，自然能够给客户带来极大的惊喜，能够刺激客户的兴奋点和购买欲；最后需要对产品进行创新：具有创新和价值的产品，自然能够打动用户，进而为产品埋单，更会激发用户形成良好的口碑传播，为成功的爆款创造条件。

传播找爆点：没有爆点的产品，犹如千人一面，很难吸引消费者，因此，产品的传播一定要找爆点，这些爆点要有温度、有情怀，不走寻常路，这样才能吸引人注意，让人印象深刻，更能传播口碑。

让用户“爆炸”：能够让用户“炸开锅”去讨论和研发的产品，才是有灵魂的产品。因而，汇聚大众智慧和灵感，共同参与产品研发和创新，不仅可以打造出更加契合客户需求的产品，而且还能让用户有参与感、归属感、成就感。正所谓“得用户者得天下”，紧紧围绕用户的兴奋点和参与度打造的产品才更容易成为爆款。

执行要“爆破”：企业要想在白热化的竞争中得以存活，在打造爆款的过程中一定要有爆破式的执行力。一旦做好产品定位，就应当按照爆款流程去彻头彻尾地执行，如此才能将爆款打造得更加完美。

爆款的打造并不是一蹴而就的事情，企业产品一夜爆红的背后是巨大的付出和精心的策划，否则就像昙花一现，不会有恒久的生命力。

好产品能改变世界，好的爆款能颠覆世界。本书旨在通过详尽的阐述和清晰的战略逻辑，深入浅出帮助读者寻找打造爆款的秘密，让每位读者都能够从中获益，也能为想做爆款的企业指点迷津，快速实现企业发展的腾飞。

目 录

第一部分　爆款风暴来袭：爆款只为颠覆而生

01 第一章 爆款当道：只做爆款的引领者，不做追风人

时代的发展给了我们深刻的启示，在时代的浪潮中，那些真正的强者往往能够成为潮流中的引领者，而那些盲目跟风的往往会“死”得很惨。只有那些善于发现机遇并抓住机遇打造爆款的企业才可能获利。

02 第二章 爆款思维：做有思想的爆款

做爆款一定需要有爆款思维，这样打造出来的爆款才更加有爆发力。爆款思维包括爆点思维、极致思维、口碑思维、尖叫思维、迭代思维、饥饿思维，注入了这六大思维的爆款产品犹如被赋予了灵魂，更能打动消费者。

03 第三章 爆款要素：核心要素助推爆款更畅销

如今，市场中同质化产品愈来愈多，让用户为你的产品积极主动地买单，只有很少的一部分企业才能做到。究其原因，就在于这些企业能够把握打造爆款的关键要素，助推爆款。

04 第四章 爆款秘诀：“神级爆款”缔造的秘密

很多企业在做产品的时候，无论哪个环节都煞费苦心，花了不少心血，最终结果却不如人意。还有的企业虽有爆款产品，但因为运营能力的欠缺，使得大众对此一无所知。因此，掌握“神级爆款”缔造的秘密，能够帮助你的爆款产品快速在市场中占领市场。

第二部分　爆款运营流程：打造“杀手级”爆款的玄机

05 第五章 爆款定位：用差异化占领用户心智

企业和人一样，都喜欢争“面子”。对企业而言，能够将产品打造为市场同类产品中的爆款并不算什么，但如果能够打造别人无法超越的顶级爆款，并且能够占领市场空位，这才叫真的“有面子”。但是顶层爆款的定位首先得源于用户“痛点”，从用户“痛点”出发，用差异化占领市场。

06 第六章 创意设计：推出有生命力的爆款产品

将普通产品升华为爆款，是一个需要花费时间和精力去进行雕琢的过程。仅仅在产品品质上进行提升的产品并不能成为真正意义上的“爆款”，然而赋予产品生命力，让产品从一个冰冷的“死物”逐渐焕发出惊人的活力和魅力，这样的产品才是人人疯抢的爆款。

07 第七章 品牌引爆：让爆款实现超越

如今，市场中同类产品泛滥，“同质化”成为了这个时代所有产品的显著特征。如果企业无法从同质产品中突围，产品的价值也就无从体现。企业要想做出别人无法比拟的爆款，是需要下足功夫才能实现的。

08 第八章 盈利模式：连环销售，让客户疯狂购买

做任何产品的目的都是为了最大限度的盈利，打造爆款的目的更是显而易见的。因此，选择适当的盈利模式是企业实现销量猛增、盈利暴涨的关键。常见的爆款盈利模式有三种，即极致单品模式、免费模式、会员模式，不同的企业可以结合自身打造的爆款性质选择不同的盈利模式，从而让客户疯狂购买。

09 第九章 爆款推广：从认识到记住——打造爆款的“超级形象”

在如今的信息化时代，信息处于极度过剩，每个企业都争先恐后地发布大量广告来宣传自己的产品，但越是如此，消费者就越因为难做选择而在商品购买时也就越随机。因此，即便“无处不广告”，可让人铭记于心的却寥寥无几。面对这种情况，寻找更加高效的推广营销方式势在必行，只有这样才能打造爆款的“超级形象”奠定良好的基础。

10 第十章 流程打造：一流爆款打造的标准流程

如何才能打造出一款与众不同的爆款？这是很多企业所关注的焦点。唯有掌握了爆款打造的标准流程，才能将做爆款变得更加容易。

第三部分　爆款经典案例：那些“No. 1”品牌的爆款逻辑

第十一章 11 经典案例解析：这些爆款并非一夜成名

很多企业羡慕别家企业能够拥有No.1的爆款，但要知道这些成为行业中No.1的爆款并非一夜成名的，除了含金量，蕴含其中的奥妙值得我们深入研究，加以学习和借鉴。

第一部分

爆款风暴来袭：
爆款只为颠覆而生

01 第一章 爆款当道：只做爆款的引领者，不做追风人

时代的发展给了我们深刻的启示，在时代的浪潮中，那些真正的强者往往能够成为潮流中的引领者，而那些盲目跟风的往往会“死”得很惨。只有那些善于发现机遇并抓住机遇打造爆款的企业才可能获利。

爆款风潮
背后究竟是什么

爆款一词最早兴起于电商领域，专指那些在网上卖得特别火爆的某款产品——只要是单品的销量能够给企业带来巨大利润，大贡献，就是一个爆款。

深究其本质，可以将追求爆款的企业分为四类：

一流企业追求的爆款是“卖得多”（即销量高）、“卖得好”（即人气足、口碑好）、“卖得久”（即迭代后仍在市场中有不俗的表现）、“卖得贵”（即有更好的利润）。

二流企业追求的爆款是“卖得多”“卖得快”“卖得好”“卖得久”。

三流企业追求的爆款是“卖得多”“卖得快”“卖得好”。

四流企业追求的爆款是“卖得多”“卖得快”。

消费者购买产品的品牌，完全可以代表其个人品位和阶级认同。但如果企业的爆款只做“三流”，那么其制造和生产的爆款就只能说是一种“阶段性”或“过渡性”的产品。而对于四流企业，其打造的所谓的“爆款”其实就是普通产品，这种产品消费者可能会尝试买一次，但企业想要用这种普通产品再吸引消费者就很难了。

每个企业都明白爆款对于企业发展的重要性，都希望能够打造出属于自己的爆款。但在具体操作的过程中，很多企业又非常容易被各种爆款的打造技巧和推广方法所迷惑，尝试了各种方法之后，最后还是与成功失之交臂。实际上，这只是因为你没有从根本上了解爆款的真相，让自己在打造爆款和推广爆款的时候走错了方向，失败是不可避免的。

那么在这个“无爆款不营销”的时代，爆款风潮背后究竟隐藏着什么样的秘密呢？

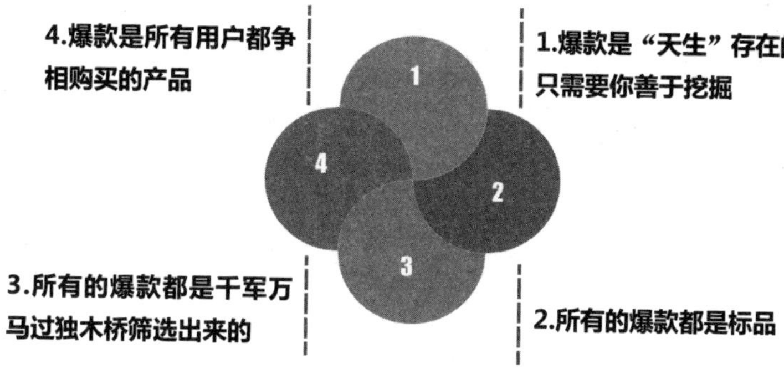

爆款的秘密

1.爆款是存在的，只需要你善于挖掘

很多时候，企业打造的爆款会在经历短暂的辉煌之后会消声匿迹，因为人们对于这款产品的需求并不是长期持续的需求。所以想让爆款能够拥有持续的影响力，首先还要善于挖掘打造爆款的根源。只有深入去挖掘消费者，才能打造出真正的爆款。

2.所有的爆款都是“标品”

爆款也是具有一定属性的，这些属性就决定了爆款属于哪种类型的产品。通常，产品的属性可以分为两种：

1）功能型属性：如“全自动”洗衣机、“智能”冰箱、“”防雾霾”口罩等。

2）情感型属性：如文艺范、复古范等。

在同类产品中，越是注重情感属性的产品其客单价就越高，客单价越低的产品，其功能属性就强调的越强。

举个简单的例子，如3M口罩，你买口罩的目的是为了防尘，但3M口罩较市场同类产品的价格要高出很多，关键就在于这款口罩是由3M生产出来的，3M本来是一家做工业防护的生产商，包括防毒面具，其在行业中的影响力非常大，所以转过身来做口罩，自然广大用户买3M口罩对其融入的品牌情感则更多一些，对3M口罩有一定的信任度。所以，3M口罩所具有的情感属性决定了其售卖价格。

另外，需要强调的是，功能型属性比情感型属性的翻页率更低。换句话说，你买一款能够体现你品位与档次的产品时，你往往会比较很多遍同类产品之后才会决定购买哪一个；而当你在买一把拖把的时候，往往在比

较一遍之后就能够做出购买决定。从这一点我们就不难发现，具有功能性属性的产品往往能够从众多产品中成为爆款的概率是随机的，而具有情感型属性的产品往往更容易让消费者情感上产生共鸣，能激起更多消费者的购买欲。买的人越多，这款产品成为爆款的可能性就越大。情感型属性的价值要远远高于功能型属性，所以除了具有普遍产品都具有的功能型属性外，还具有情感型属性的爆款都是标品。

3.所有的爆款都是千军万马过“独木桥”筛选出来的

市场中同类产品有很多，然而能够一跃上升为“爆款”的产品，必然是能够在某一个或者某些方面较其他产品更具竞争优势。当然，你的产品竞争优势越多，则意味着成为“爆款”的几率就越大。

4.爆款是所有用户都争相购买的产品

爆款能够满足用户对产品的功能需求和自身的情感需求，让他们争相抢购。

苹果就是个极好的例子。苹果产品是对“智能”功能属性的放大。在苹果还没有横空出世之前，智能手机领域横行的产品是多普达，但后来苹果对手机进行了改良，使得它从“智能”这个属性中跳了出来，成为智能手机领域的“领头羊”。大浪淘沙强者胜，苹果的“上位”让很多红极一时的产品如诺基亚等手机品牌被市场淘汰。

总而言之，企业一旦拥有了爆款就能够在竞争中掌握主动出击的权利。不管是电商也好，传统企业也罢，一切好的产品营销都需要建立在好的产品品质上。

市场从来不缺产品，缺的是爆款

在当前这个同质化日益严重的时代，同类、异类产品泛滥，一件没有任何优势、任何特点的产品，只能是市场中的“无名之辈”。企业唯有从比比皆是的产品中脱颖而出的爆款，才能在市场中开疆拓土，一鸣惊人。所以说，市场从来不缺产品，缺的是爆款。

那么普通产品和爆款之间究竟有什么样的区别呢？见下表：

普通产品VS爆款					
类别维度	动机	利润	现状	市场前景	行业影响力
产品	只一种为企业赚钱的工具	利润微薄，难以为继	同质化日益严重，惨淡经营	价格战博弈，却很难胜出	无影响力
爆款	通过用户创造价值而盈利	单品就能获得巨大利润	卖点、亮点突出，人气旺	竞争优势明显，维持企业常青	能够颠覆整个行业

企业做好以下两点，则可让自己的发展凭借爆款，在这市场竞争如火如荼的时代变得更加生机勃勃、蒸蒸日上。

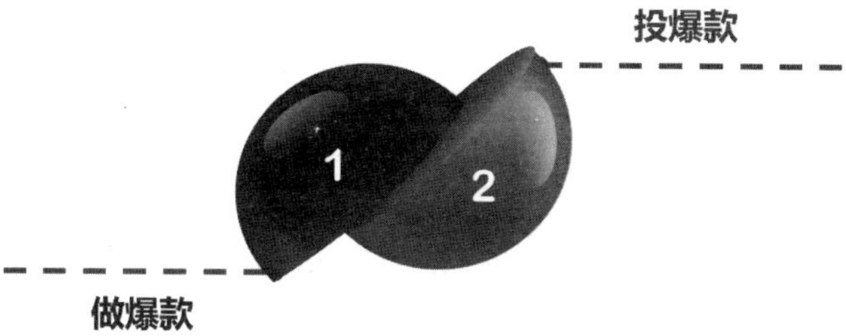

企业借助产品蒸蒸日上的方法

1.做爆款

1）动机：是否能够为用户创造价值

如果一家企业只为了能够以最快的速度赚钱，产品同质化十分严重，虽然可能在某段时间赚得了一定的盈利，但最终的结果却只有一个：被用户所抛弃，被市场所淘汰。

爆款天生的使命就是为用户创造价值，能够为用户解决“痛点”问题。所以，只有站在用户立场上为用户创造有价值的爆款才能源源不断地获得利润，才能让企业更有生命力。

2）利润：能否为企业创造巨大利润

产品的价值就在于能够为企业创造利润。然而，产品同质化、供求过剩使得市场利润被大家所瓜分，使得很多企业产品长期滞销，各项成本无法收回，形成了一种“死循环”，企业自然会一天天衰败。

然而爆款则大不相同，完全凭借其与众不同的卖点创造超乎想象的销售额，为企业创造巨大利润。

3）现状：是否能用鲜明的卖点聚集超强人气

在当前产品过剩的时代，如果没有具备爆点的产品，无法博得用户青睐的，唯有具有鲜明卖点的产品才能更好地契合用户需求，才更受用户的欢迎，让用户尖叫。否则只能惨淡经营，从市场竞争中出局。

4）前景：能否用竞争优势让企业长存

有卖点的爆款，自然就能将其卖点作为竞争优势在市场中鹤立鸡群，这是其他同质产品所无法比拟的。也正是如此，使得爆款能够受到众多用户的追捧，愿意为其竞争优势而买单。大家争相为爆款买单，自然也就成就了企业“永葆常青”的梦想。

5）影响力：能否颠覆整个行业

爆品注定对其所在的整个行业产生破坏性的颠覆作用，重新调整市场的“游戏规则”，而那些普通的产品不敢大胆地做出任何具有冒险性的尝试，这也就注定了普通产品只能在默默无闻中“死去”。

一个企业，要想成为时代发展的引领者，就必须敢于做一些创新和改变，而产品是最基础也是最关键的一个变革方面。只有把产品打磨成爆款，才能赢得用户的信任，才有资格成为一个好的企业，成为行业中的佼佼者。

2.投爆款

如果没有精力、时间和技术去做爆款，但你依然想成为一个头戴爆款光环的企业，那么就是投资爆款。

顺为是国内一家非常特殊的钩子机构，原因是其出资人和创始合伙人之一就是雷军。从顺为诞生之日起就身兼双重属性，即既有财务投资目标，又因为背靠小米这棵大树，拥有庞大的战略资源，可以像战略资本一样为其所投资公司提供价值。其将自己定位为全国最接近孵化器体制的

VC（风险投资），方式就是在小米相关的硬件等领域创意并孵化创业公司，培养从无到有的产品，并将刷“爆款”作为其投资的理念。除了智能硬件以外，顺为资本也专注投资移动互联网、在线教育、互联网金融等。顺为每年和小米都有合作，如小米移动电源、小米手环、小米耳机等都有其合作的身影。按照雷军“五年之内投资100家智能硬件公司”的愿景，可以想象顺为在投资小米爆款的过程中起到了举足轻重的作用。

顺为两个字来自于雷军著名的“顺势而为”的理念，可以看出，这家基金已经完全将自己和小米捆绑在了一起，认为自己和小米可以一起改变整个智能硬件和电子产品世界。

顺为能够找移动互联网领域中的大咖——小米进行投资合作，并寄希望于小米能够在智能硬件和电子产品方面打造出爆款，就是一种典型的投爆款行为。

投爆款的方式实际上是一种合伙制投资方式。在合伙人中，大家都为了一个共同的目标——爆款而努力着，唯一的区别在于，你是以合伙人的身份，用资金投资的形式来打造爆款。

传统企业逆袭，爆款才能成功自救

在当前这个互联网“横行”的时代，传统企业不仅要和传统竞争对手“较劲”，还面临来自互联网企业的巨大压力：一批生于互联网、长于互联网、货真价实、物廉价美的网络品牌产品迅速在市场中崛起，占据了半壁江山，面对与此交困的境地，传统企业显然已经表现得力不从心。

但是这些新成长起来的互联网企业则更是深谙互联网时代的生存之道，用火爆的单品冲销量已经成为他们的“杀手锏”。传统企业要想从这种境遇中彻底解困，用爆款实现自救是一种非常有效的途径。

酒仙网CEO郝鸿峰说过：如果没有一款畅销的爆款产品，传统企业转型互联网很难在激烈的竞争中活下来。传统企业的产品为“漏斗型”，打个比方说，只有1亿人听说过，500万人见过产品，50万人真正使用过产品，才会获得5万人的粉丝量。而互联网时代则不同，只要是好的产品，只要是爆款，酒香不怕巷子深，基于这种“喇叭型”的口碑效应，只要是爆款产品，都能借助口碑的力量在市场中让传播范围在短时间内实现最大化。因此，传统企业逆袭在嫁接互联网的基础上，用爆款自救则势在必行。

那么传统企业究竟应当如何与互联网接轨通过打造爆款实现逆袭呢？

1.集中资源打造爆款需要找准产品爆破点

在互联网企业中，要想成功逆袭，关键还需要集中各种可用资源找准产品的爆破点。

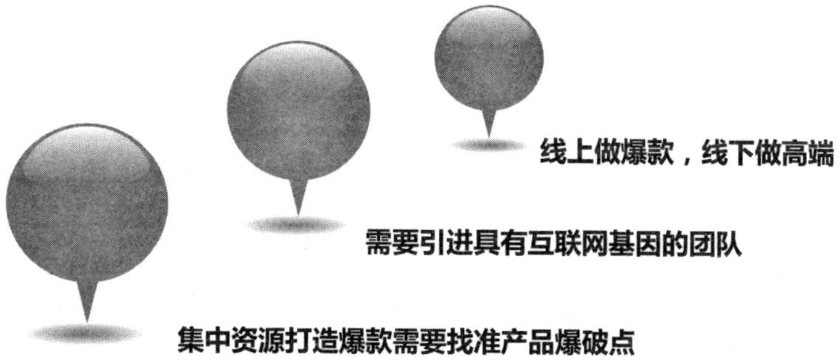

传统企业与互联网接轨打造爆款的方法

2.需要引进具有互联网基因的团队

爆款诞生于电商领域，自然与互联网有着千丝万缕的联系。传统企业要成功实现逆袭，团队的力量是不容忽视的。传统企业需要明白的是，团队的数量多少和企业的业绩多少并不一定是永久的正比关系。传统企业在初期进行扩张的时候都会借助于团队人数的增加来推进，但是传统企业通过打造爆款进行逆袭的时候，团队人数的多寡并不是重点，重点在于选取具有互联网基因的团队成员。这些成员具有很强的互联网思维，每个人都具备单兵作战能力，是打造爆款过程中起到重要作用的“超级士兵”。

这里我们以小米为例。雷军一改传统创业思维，在寻找合伙人组建创业团队的过程中，全面引进具有互联网基因的团队：

总裁林斌：在正是加入小米之前，曾在谷歌任职期间，负责谷歌在中国的移动搜索与服务的团队组建与工程研发工作等。

副总裁周光平：在进入小米前，曾在国内担任摩托罗拉北京研发中心高级总监、摩托罗拉中国亚太区手机质量副主席职务等，在手机高级功能研发，包括无线局域网数字电视、立体收音机等诸多方面做出了相当大的科技贡献。

副总裁黄江吉：在创建小米前，拥有近13年的微软工作生涯，先后研发了诸多项目，包括微软商务服务器性能数据分析系统、微软中国Windows Mobile、Windows Phone 7多媒体、浏览器、即时通讯等。

副总裁黎万强：成为小米创始人之前，先后担任金山软件设计中心设计总监、互联网总监、金山词霸总监，创办了金山软件，并研发了多个金山知名项目，其中包括金山词霸、金山毒霸、WPS Office等。

副总裁刘德：成为小米成员之前，与世界诸多大型企业有着密切的合作关系，包括苹果、耐克、索尼、诺基亚等。

副总裁洪峰：成为小米合伙人之前，担任过Web应用程序的首席工程师，在2001年—2005年期间参加Siebel项目的研究工作，并负责服务器性能和大型专业系统的可扩展性。

雷军本身也曾担任过金山软件总裁的职务，无论雷军还是这些合伙人，都或多或少与互联网有一定的联系，带有一定的互联网基因，这就为小米打造爆款奠定了强大而雄厚的基础。

3.线上做爆款，线下做高端

当前，网购日益盛行，这也让传统企业颇感压力。人流量的减少直接带来了实体店销量和利润的下滑，这一系列的连锁反应让从前风光无限的大型传统企业不得不关闭大量实体店、裁员，以此来收缩战线。

然而这种做法只能治标却不治本，因为一味地缩减战线，在成本降低的情况下同时也造成了销量的下滑，此时传统企业唯有在变革中寻找机遇，从传统线下接轨线上，并在线上做爆款，在线下设置体验功能，增强消费者的可触、可感、可体验，才能为实体店拉来不少中高端消费者。这样线上卖爆款、线下卖高端，线上线下相结合为传统企业的逆袭与扩张提供了“双保险”，激发了消费者对爆款产品的活性和黏性。

没有爆款的企业
只能为他人做嫁衣

说起富士康，想必很多人的第一印象就是“代工厂”。的确，富士康凭借自家设备和人才，帮助自己的“雇主”苹果、华为实现科研成果的转化，为“雇主”提供第三方创新服务，也凭此赚得盆满钵满。但它在日复一日的生产设备高负荷运行下却没有生产出一款属于自己的产品，这无异于在帮助自己的“雇主”做嫁衣。

然而，富士康也逐渐认识到了这一点，对给别人做嫁衣这件事心有不甘。在互联网商业蓬勃发展的今天，它也想挽起袖子大干一场。

富士康曾推出“四路门店+一个网站”的全消费渠道体系的宏伟构想。在这个伟大体系中，富士康与麦德龙合作，意在线下与国美和苏宁相抗衡的“万得城”、以“赛博数码”广场为主题的IT卖场、以超市为载体的“敢闯数码”以及覆盖三线以下城市的“万马奔腾”门店全面出战，线上则通过“飞虎乐购”的电子商务渠道打入市场。

这看似阵容强大、计划完美，但最终的结果却让人唏嘘。这场市场争夺战以轰轰烈烈开始，以惨淡失败告终，富士康并没有在这场狂欢盛宴中分得一杯羹。之所以导致转型失败，关键在于富士康并没有用自己的技术、设备、人才去为自己量身打造一款锋利的“战戟”——爆款产品，而是依然采取合作的路径，寻找转型的出路。实际上，富士康作为传统企业，在互联网浪潮契机中看似在追求转型，改变人们心中的“代工厂”形象，实则依然没有属于自己的爆款，依旧在为他人作嫁衣。

在互联网蓬勃发展的今天，成者为王败者为寇，富士康如此转型，势必使得转型之路坎坷崎岖。天下武功从来没有范式。对于传统企业而言，要想在互联网时代成功逆袭，需要明白除了自己在不断成长，竞争对手也在不断成长，并且这是一场永远没有终点的战斗，唯有在成长中不断打造神级爆款，才能摆脱为他人做嫁衣的地位。给别人做嫁衣，即便“嫁衣”做得再好，也是企业“雇主”的辉煌，于企业而言，所分得的只能是其“雇主”吃剩的“残羹”。所以，给别人做“嫁衣”不如自己“红”，而企业的“红”是必须建立在能够打造神级爆款的基础上的。

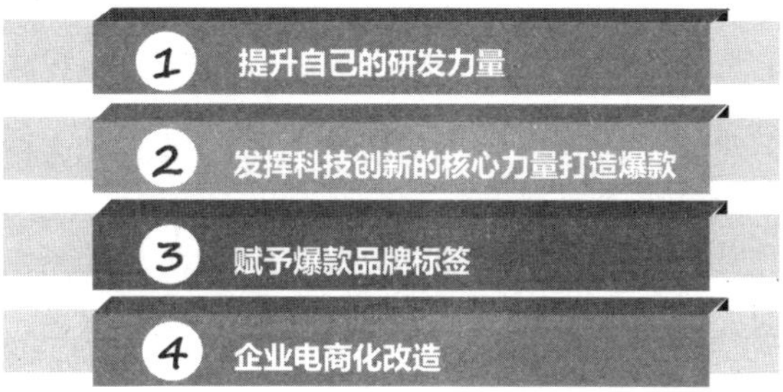

企业如何打造神级爆款

1.提升自己的研发力量

弱肉强食成为互联网时代适者生存的标准法则，没有强大的力量是很容易被淘汰出局的。企业在为他人做嫁衣的时候，自然为他人的“嫁衣”注入了强劲的生存活力，使他人的市场规模不断扩大。如果企业想超越他人实现华丽转身，那么企业就必须制定一套属于自己的研发方案，充分借鉴别人的研发技术，提升自己的研发力量，为打造属于自己的、能够超越他人的爆款做好准备工作。要知道，站在巨人的肩膀上，你可以看得更远。

2.发挥科技创新的核心力量打造爆款

在这个人人都在高喊“科技创新”的时代，产品的研发需要融入最先进的科技创新，才能实现迸发出爆款一鸣惊人的能量。如果企业的研发力量和科技创新能力是“两张皮”，不能同步进行，那么许多科研成果是无法应用于爆款打造的。

3.赋予爆款品牌标签

品牌不仅是一种产品标签，对于消费者而言，它是打开心灵的钥匙。消费者和品牌之间往往存在一种不可逾越的情感，在这种情感的共鸣下，品牌的世界里没有真相，自有消费认知。显然，在这个世界上，卖的最好的产品，不一定是这个世界上最好的产品，而极强的消费认知度往往可以弥补产品的微小瑕疵，让其称为更具情感色彩的爆款。这种具有情感色彩的爆款，较那些冷冰冰的爆款更有温度、更加抢手。所以，即便是企业已经打造出一款别人望尘莫及的产品，但没有贴上品牌标签，产品依然不会创下销量神话，相反地却成就了那些品质稍逊、坐拥浓郁“人情味”的品牌产品一个“爆款”的头衔，这样的话，企业依旧是在为别人做嫁衣。

4.企业电商化改造

互联网将传统企业带入一片蓝海，爆款的打造也需要传统企业进行电商化改造。基于网络平台，品牌传播速度快，覆盖面积广，可以为企业的爆款进行很好的宣传，让爆款的推广效果达到最大化。当企业所打造的爆款能够在短时间内占领市场，并成为消费者的一种生活习惯时，这一所谓的“爆款”就成为了别人难以模仿和替代的爆款，成为市场中真正“红得发紫”的神级爆款。

02 第二章 爆款思维：做有思想的爆款

做爆款一定需要有爆款思维，这样打造出来的爆款才更加有爆发力。爆款思维包括爆点思维、极致思维、口碑思维、尖叫思维、迭代思维、饥饿思维，注入了这六大思维的爆款产品犹如被赋予了灵魂，更能打动消费者。

爆点思维：
实现单点突破

打造爆款就像写文章，如果没有爆点，就像是生命枯竭的花朵，色泽暗淡，毫无生机，不能吸引观赏者的眼球。所以，有爆点的产品，才能打动消费者，才能激起消费者的购买热情和动力。

所谓爆点就是一个点，一个最关键的点、最重要的点、最核心的点。企业做爆款，自然离不开这些点，脱离了这些点的“爆款”和普通产品无异。

消费者一贯的购买心理就是能够买到物有所值、物超所值的产品，而在他们心中的“值”，转移到产品上就是所谓的“爆点”。所以，企业在打造爆款的时候，一定要抓住爆点思维，一旦引爆则能够让你的产品能够快速扩散，达到很好的推广作用，实现销量的稳步提升。

通常，借助爆点思维引爆产品，需要经历以下三个步骤：

第一步，设计品牌记忆点。

品牌记忆点，简单来说就是为品牌设计一个能够让受众快速记住的信息点。在信息大爆炸的时代，我们每个人都要接受海量的信息，如果千篇一律、没有任何特点，就很难进入受众的视野，很难让人记住。

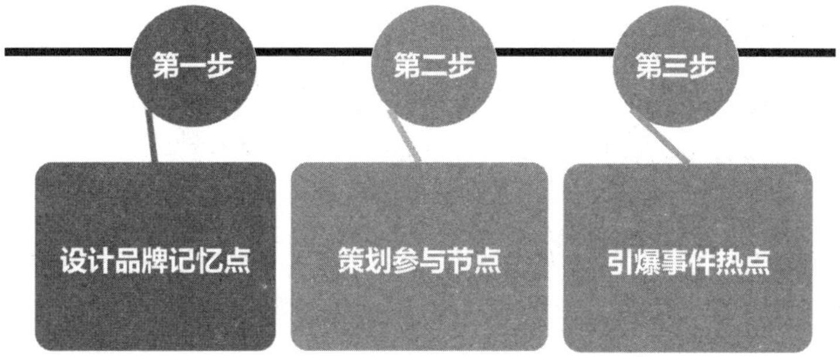

借助爆点思维引爆产品的三个步骤

婚戒品牌Darry Ring就是一个典型的例子。婚戒本身象征着美好的婚姻和爱情，而Darry Ring有别于普通婚戒，采取实名制定制钻戒的方式，使得Darry Ring被赋予了“Only You”的意义，每位男士凭借身份证一生仅能定制一枚求婚钻戒，这恰如其分地传递了对真爱唯一的爱情信仰。从这暖暖的爱情出发，Darry Ring自带让人感动又浪漫的话语，让每一位诊视爱情的人都能真切地感受到它蕴含得浓浓的爱意：一生只爱你一人，犹如这纯净钻石点缀其中，闪耀璀璨光芒，愿成为你生命中不可替代的唯一。

Darry Ring正是抓住了人们选择真爱结婚的心理，通过实名制定制，一生只能定制一次的方式，在广大消费者心中形成强烈的记忆点，一提到“婚戒”“一生一世”这样的字眼，就能想到Darry Ring，引爆消费者购买Darry Ring的激情。Darry Ring的这种营销策略就是一种爆点思维的应用。

此外，如加多宝的记忆点是“降火”；三只松鼠的记忆点是“萌宠体”对话；三个爸爸的记忆点是“呼吸里的爱”，为了孩子生产空气净化器；褚橙的记忆点就是“励志”，这些记忆点都是用来标榜自身与其他产品的品位和与众不同。

需要注意的是，品牌记忆点要符合简单易记，易传播的原则，而且要为后续的传播预埋伏笔。

第二步，策划参与节点。

策划用户参与节点，其实这一步就是为设计一个入口，吸引目标用户进来，引爆用户参与感，让他们通过参与的方式与品牌形成共振，达成一种共谋关系。

中粮集团的一款腰果就充分调动“吃货精神”，发起“吃货大赛”的活动吸引消费者参与，为这款腰果起一个名字，并撰写出一条“吃货”语录。起名字，可以收集“粉丝”的智慧；撰写“吃货”语录，容易引发具有相同爱好的消费者产生情感共鸣。

中粮集团的这种吸引消费者参与节点的方式让消费者吃出了趣味，吃出了共鸣，也由此引起了消费者积极参与的热情。

在参与节点的设计上，一定要能够充分调动起目标用户的参与兴趣，让他们觉得活动“有料、有趣”。在这一步，主要的目的就是能够让核心用户与品牌产品之间产生从无到有、从弱到强的关系，使其成为品牌的粉丝，为之后的产品引爆用户埋下伏笔。

第三步，引爆事件热点。

前面两步做的都是准备工作，而最后一步才是“东风”，即借助热点事件引爆产品。热点事件是产品进入深入大众圈层的通行证，所以，在引爆产品实现单点突破的时候，不仅要善于捕捉热点，而且要善于策划热点。

在互联网时代，信息都是透明的，谁好谁坏，谁是市场中的第一品牌一目了然，这就造成了流量向优胜品牌倾斜甚至垄断的局面出现。而第一品牌往往能够获得的销量是后面所有品牌的综合，这就是“赢者通吃”的法则。如果你的产品不能成为行业中的爆款，那么你的企业是很难活下去的。所以，在互联网时代的生存法则就是借助爆点思维，集中所有资源打造爆款，抢占第一位置，只有这样才有活下去的机会。

极致思维：
市场细分，专注于一个极致的单品

如今，“渠道为王”“产品为王”的时代已经成为过去式，取而代之的是“用户为王”。一切产品的设计、研发、生产、销售都是围绕用户进行，可以说用户需求直接决定了品牌产品的功能和价值取向。

唯有极致思维才能保证将产品打造成能够满足用户需求的爆款，从而有效提升用户体验满意度。所谓极致，就是能够达到最佳的意境，达到最高程度。极致思维在爆款打造过程中的应用就是将产品的卖点做到极致，用极致的产品体验黏住用户，有效提升销售转化率，品牌企业才能在竞争激烈的市场中站稳脚跟。

当然，做极致爆款，并不是全方位得去打造爆款的极致性，这样“贪多”势必导致“不精”，最终的产品自然不能称之为爆款，企业很难成为行业中的“老大”。所以，永远要记住一句话：“选择比努力更重要。”当前，市场中一个大类目下竞争异常激烈，要么难分胜负，要么即便胜出，得到的份额却少之又少。但是选择一个小众类目细分市场入手去打造爆款，可以避开实力竞争对手的打击，只要你做到专注、做到极致，就可以活得很滋润。因此，从市场细分入手是一个非常不错的选择。

那么企业如何在细分市场中专注于打造一个极致的单品，使其成为爆款呢？

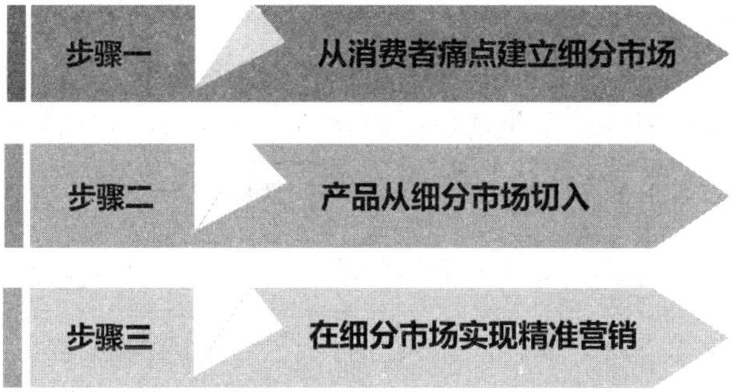

企业在细分市场中打造极致爆款的步骤

第一步，从消费者痛点建立细分市场。

在过去，大规模工业化生产和销售成为时代的主流，品牌的意志通常占主导地位，而消费者则往往忽略了自身的个性化需求。但在互联网时代，电商的横空出现，使得人们的个性化需求日益凸显，而这些个性化需求就成为新时代下消费者的新痛点，而这些痛点可以为企业带来全新的发展机会，这样细分市场就逐渐形成了。

以Miss Candy为例。一两年前，彩妆类目上位形成鲜明的品牌格局，而指甲油更是其中非常细分的垂直领域，很少有哪个企业的彩妆品牌只做单一的指甲油产品的。然而这却为Miss Candy的异军突起带来了很好的契机，Miss Candy发现消费者越来越喜欢用色彩鲜明、艳丽的指甲油来突出自己的个性，体现自己的心情。在看到了这一领域所蕴含的巨大商机，

Miss Candy牢牢地把控住了指甲油这个单一的产品，仅用了一年的时间，就成为该细分领域中品类排名第一的成绩，其成长速度之快实在是令人咋舌。

第二步，产品从细分市场切入。

将市场进行细分，无非就是从切商品、切人群、切场景入手，而那些行业中的领头军企业往往能够用一种产品同时切中这三个方面。

传统模式下的品牌是通过多年积淀在公众心中留下深刻的印象，而互联网时代，消费不断升级，产品只有有别于旁人的鲜明特色，并且具有高附加值，才能赢得人心。这就使得不少细分领域中诞生了很多寡头品牌，这些品牌往往能够在第一时间发现消费者痛点需求，他们所创立品牌之初的定位就非常精准，同时也非常清楚自己打造出来极致爆款单品会卖给怎样的消费群体。

以三只松鼠为例。三只松鼠早些时候是行业中的一个无名之辈，但是在其搭载互联网快车之后，仅用了两年多的时间，就从0做到了10亿，成功逆袭为中国互联网坚果第一品牌，创造了业界奇迹。

在这个逆袭的过程中，三只松鼠把坚果作为主打产品，励志把坚果消费变成一种时尚，同时也通过具有辨识度的包装和营销，成功的打造了爆款，实现了品牌化。

三只松鼠是典型的在细分市场专注于一个极致单品的打造，在这个过程中，它除了切中坚果这个产品，同时也切入了人群和场景。无论是早期打出的“白领办公桌上的零食”还是后来的“百年必拎的伴手礼”，这些营销手段都是将产品切入场景。

三只松鼠从产品、人群、场景三方面细分类目入手，继而形成行业性爆发式增长，达到增速的“天花板”后，用自己已经积累的用户优势，拓展其他同类产品，稳固了自己在坚果领域坐第一把交椅的地位。像三只松鼠这样的行业翘楚，不但能牢牢占据自身细分类目中第一的地位，而且可以带动整个吸粉类目的增长，是各行业企业用极致思维打造爆款的典范。

第三步，在细分市场实现精准营销。

企业无论是以极致爆款的角度还是以消费者痛点的角度切入细分市场，然而与其相对应的营销更加需要有针对性和精准性。在过去，企业往往注重的是大规模人群覆盖、品牌曝光，以及大流量的规模运营，而如今企业更加趋向于专注细分定向化的精准营销。这样就更容易让一个极致的单品快速成为某一细分领域中的爆款，成为细分领域中的黑马。

极致是人们对产品的一种赞扬，是一种只能意会不可言传的感觉。能将产品做到极致，往往是每个企业所追求的目标，只有极致的产品才能在某一特定领域的细分市场获得更多用户的认可，才更将产品推向爆款的巅峰。这样的极致产品才不会消亡，才更能顺应时代的发展。

口碑思维：
打造“爆炸级”口碑，让用户主动分享

让每一位用户都能传送自己生意上的“美德”，是企业经营者梦寐以求的事情。但口碑的形成是都都属于意外，完全靠运气，自然发生的呢？麦肯锡公司的管理营销专家Renee Dye和她的同事们在对50个销售案例进行研究和分析之后发现，口碑广告制造爆炸性需求，绝不是意外和巧合，而是有几个规律可以依循的。企业完全可以通过分析消费者之间的相互作用和相互影响来遇见口碑广告的传播力度，使其网络化、知识化、全球化，这是需要企业在营销过程中付出极大的智慧的。

优秀的爆款要想让用户忍不住主动分享，是离不开好口碑的。那么如何才能将你的产品打造成爆款，赢得用户的芳心，使其愿意自发为你的爆款进行分享呢？

1.学会利用品牌联合的威力，征服用户心理

在你的产品成为爆款之前，你应当首先学会借助知名品牌或名人的影响力来为你的产品做推荐。这样可以为的产品缔结美誉度和提升曝光度，并会收到意想不到的效果。

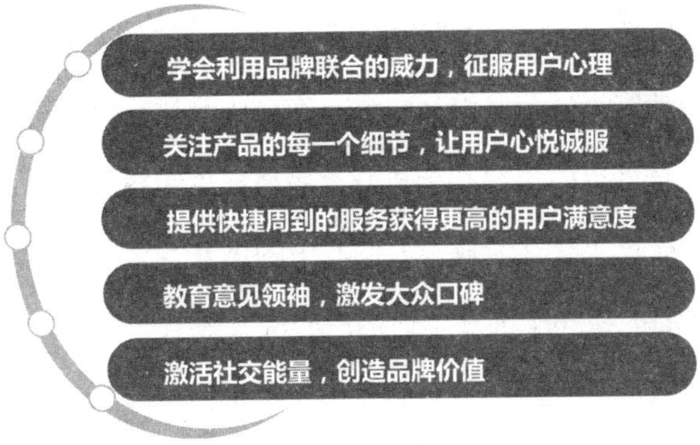

让用户主动分享爆款的方法

迈克·乔丹和泰格·伍兹在耐克产品广告中频频露面，使得耐克成为世界知名品牌；无独有偶，在第23届奥运会上，喝着健力宝的中国女排在轻松拿下“东洋魔女”的美名之后，又以秋风扫落叶之势挫败了美国女排，登上了世界冠军的宝座，自此健力宝也随之一举成名。

对于一款新的产品来讲，知名品牌或名人的推荐，无疑可以帮助消费者消除心里的疑虑，

纽特威产品在刚起步的时候，为了让用户相信产品使用之后不会有余味，而且十分安全。“没有余味”是很容易在用户当中证明的，只要品尝一下便可让客户认可。但要力证“十分安全”这一点是有一定困难的。纽特威产品是否安全的这种品质特征只有经过长期使用之后才得出结论。然而，当可口可乐、百事可乐以及其他品牌推出含有纽特威低糖产品时，就在无形中对纽特威产品的安全性做了一个很好的证明。自此“纽特威是糖安全替代品”也在市场中盛传开来。

显然，纽特威产品在可口可乐、百事可乐等其他品牌的联合推荐下，它们所使用的糖安全替代品自然也就是产品中品质有保证的精品。这样我们可以断言，全世界的用户都会放心大胆地使用纽特威产品，这一品牌面对的将是供不应求，并逐渐成为人们心中的爆款。

2.关注产品的每一个细节，让用户心悦诚服

影响用户对爆款的认知能力的并不一定是整个产品，还可能是一些并不太引人注目的“零部件”，如一件西服，往往拥有一个更加有“心机”的纽扣就能让整个服装升华为精美无比的华服，而纽扣作为一个微不足道“配角”，如果不能和西服的整体搭配相得益彰，就能够引起用户的反感。所以，关注产品的每一个细节，能够让你的产品上升到更高的档次，你的产品就能够让用户无可挑剔，心悦诚服地把你的产品视为精品，为你的产品在客户心中打造的爆款形象奠定了一定的记忆基础。

3.提供快捷周到的服务获得更高的用户满意度

增值服务是一种一劳永逸的服务，能够很好地提升产品档次，让用户在使用的过程中永远没有后顾之忧，获得更高的满意度。在这种满意度基础上，必然让客户产生一种物超所值的感觉，从而对品牌形成很好的忠诚度。能够提供快捷周到服务的产品往往具有爆款的特质，更能提高用户的满意度，而高度满意的爆款往往可以获得良好的口碑效应，也吸引了广大用户主动将这种爆款分享给别人。

一个来自海尔的真实、感人的故事：

福州有一位用户在给海尔青岛总部打电话时，表明“希望海尔能在半个月之内派人来修好他家的冰箱。”让人意想不到的是，第二天就有海尔的维修人员赶到他家。这位用户对海尔如此神速的售后服务表示惊讶不已，一问才知道维修人员是连夜乘坐飞机赶过来的。用户感动了，于是在维修单上写下了这样的一句话："我要告诉所有的人，我买的是海尔冰箱。"用户之所以这么写，关键在于海尔已经用自己的实际服务能力赢得了客户的满意度，在客户心中为自身营造了爆款的光辉形象，而客户自然愿意炫耀自己购买的产品是同类产品中的爆品。乘坐飞机不远千里，只是为了维修冰箱，这样的做法虽然看似在经济效益上有点得不偿失，却为海尔带来了良好的口碑，为海尔引来了更多潜在用户。

4.教育意见领袖，激发大众口碑

从企业的角度来讲，利用口碑传播来开展营销活动，不仅能够增强可信度，而且可以大幅降低成本。所以，要学会教育意见领袖，让意见领袖可帮助企业提升爆款的良好口碑，意见领袖在这个过程中起到的作用是极其重要的。

意见领袖本身对某一特定领域相对于大众了解的更加深透，对某一领域有更加独到的认知和见地，所以在大众眼中是值得信赖的权威人物。另外，意见领袖本身诞生于广大民众圈层内部，这就主动了他们与生俱来的具有平民化、亲民感的特点。基于这两点，意见领袖能够成倍地放大传播效果，能起到四两拨千斤的宣传作用，非常容易制造出自然传播的口碑传播，一旦一款产品成为人人称道的高品质产品，自然而然地就成为人们心目中的爆款。

5.激活社交能量，创造品牌价值

对于品牌商而言，在社交媒体上进行营销，不外乎两个目标：一是提

升品牌影响力；二是提升品牌销量。社交媒体的出现，使得企业可以接触到的消费者数量急剧增加，那些原本线下接触不到的消费者可以通过社交媒体实现无缝对接。品牌商在社交媒体上进行营销，不但可以让社交媒体的消费者购买企业的产品，还能通过沉淀忠实用户实现口碑营销，为打造爆款创造了很好的条件。

同时，社交媒体较传统的电视、报纸等营销渠道而言营销渠道更具有精准性。因为在社交媒体时代，每一位忠实用户都是其品牌的传播者，使得营销成本降低。企业根据用户的社交数据，可以对目标群体进行精准定位，能够实现定制化营销，从而有效提升营销的转化率，这就让爆款的快速浮出水面提供了可能。

尖叫思维：打造爆款终极“价值锚”，让客户尖叫

人们之所以需要产品，是因为存在需要解决的问题：一是我能获得的价值——产品能否满足我在解决问题的过程中产生的一系列需求（包括功能需求和情感需求）；二是我要付出的成本——在满足需求的过程中我需要付出多大的成本。总之用户总在追求用更低的成本获得更大价值的产品。

所以，我们会发现，但凡伟大的产品都必然具备两个条件：一是产品能够满足大众的基本需求；二是产品的使用门槛足够低。换句话说，要想将产品成功打造为爆款，一方面要不断提升产品自身价值，另一方面则需要不断降低产品的使用门槛。前者保证了产品可以有非常广泛的目标用户，后者保证了产品可以迅速将尽可能多的潜在用户转化为真正用户。

以用户为中心的产品价值打造，虽然说起来容易做起来难，但一旦成功做到，企业获得的盈利则是无法估量的。所以，打造爆款首先就需要以用户为中心，为用户创造更多的产品价值，即寻找“价值锚”。

所谓价值锚，在心理学中被称为“沉锚效应”，指的是人们在对某人某事做出判断时，容易受到第一印象或第一信息的支配，就像是沉入海底的锚

一样，把人们的思想固定在某处。价值锚就是从用户的角度出发，以用户利益为中心，让用户产生尖叫，寻找他们对一款产品做出判断的价值锚点。

这里引出一个与价值锚相关联的一个词“信任状”。比如罗永浩能够从最初一个名不见经传的普通讲师凭借其幽默诙谐的风格以及具有高度理想主义气质的感染力受到很多学生的欢迎，其语言风格成为一种独特的文化标签，之后又转战手机领域在手机市场稳坐大佬的位置。能够在跨度如此大的领域中获得如此让人羡慕的成绩，其中的关键就在于罗永浩成功实现了“粉丝”的转化，为锤子科技穿上了“信任状”，增加了品牌的信任度。

“信任状”就是获取信任的通关文牒，是影响用户心智的终极武器，形式和种类繁多，如获得的荣誉和资质，检测和认证等。“信任状”是较容易实现的，只要注重产品质量，注意品牌形象，形成品牌独特的气质，传达出品牌的核心理念，就能够获得用户的信任。

然而，打造“信任状”容易，打造价值锚难。

其实，企业打造产品价值锚，需要从“1米宽的产品”做到“1公里深”，这里的“1公里深”其实就是对价值锚的深度挖掘。那么如何才能打造爆款的价值锚呢？

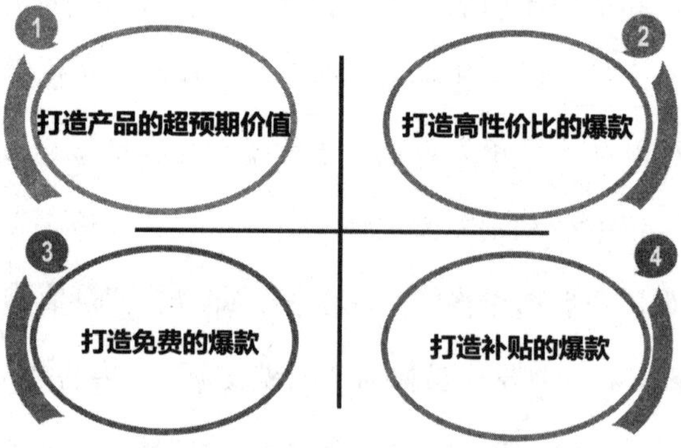

打造爆款终极“价值锚”的方法

1.打造产品的超预期价值

“用户需求无小事”，这句话正代表了商业的本质，企业只有围绕客户需求进行，打造出超预期价值的爆款，才能有的放矢，收到预期的效果。

第一步，洞察用户的需求。

任何产品，其最终都是为消费者服务的，从用户角度去评价自己的产品和服务，是企业的必做功课。但用户并不会清楚地告诉你他自己需要什么，这就需要企业挖据、洞察用户需求。

第二步，创造更多的客户价值。

格力的董事长董明珠说：“谁抛弃顾客，谁就是死路一条。”的确，企业只有千方百计地为客户创造价值，才能成为行业中的王者，这是市场竞争中永恒不变的竞争法则。

第三步，超预期地提升产品价值。

客户在购买产品时往往希望能够超出预期，这种需求不仅要求企业对产品质量进行提升，还需求对产品进行超前的革新，达到一个巨大的飞跃，从而使得消费者能够获得超过预期的满足，也可以为企业带来良好口碑，成就企业产品爆款的形象。

2.打造高性价比的爆款

很多企业认为企业打造爆款的目的就是为了获取更多的利润，但如果将产品价格定得严重超过消费者预期，那么消费者自然会认为你的产品不具备高性价比，自然不会埋单。

德士尼作为家居照明行业中的一员，早已深谙“产品不爆款，用户不尖叫”。在整个照明行业不景气的时候，德士尼在全国如火如荼地开了

200多家门店。德士尼的产品不仅拥有充满了时尚、大气的品牌元素，同时将高端产品卖出了三线的价格，让消费者感觉到德士尼打造的高端、低价产品就是实实在在的爆款产品，并为能够花小钱办大事买到优质产品而尖叫不已。

3.打造免费的爆款

互联网各行业企业之间惨烈的竞争基本上都是围绕一个词——免费展开的。这是互联网时代企业竞争最强效的武器。它的致命点在于能够利用具备价值锚的爆款引爆用户，让用户尖叫。

在我国，互联网三大巨头BAT都是采用免费模式：百度是免费的，靠竞价排名收费；阿里巴巴是免费的，靠广告收费；腾讯是免费的，靠游戏、增值服务收费。然而，这些凭借免费的产品却在消费者心中是最具价值的产品和服务，是超越其他企业的爆款，消费者为三大巨头的“免费”给其带来的极大便利而尖叫，因此对三大巨头企业的信赖度和依赖度与日俱增。可见，免费是打造爆款价值锚的一个狠招。

4.打造补贴的爆款

滴滴打车和快的打车在刚成立之时，全面拉开一场补贴大战。这两家公司在创业三年时间里就“烧掉”了将近40亿元人民币，在打车软件补贴最高的阶段，消费者和司机各补贴10多元，这相当于每单要补贴20多元。这听起来可能让人感觉有点疯狂，但是在非常巨大的市场中，滴滴打车和快的打车显然已经在市场中占据了非常显著的领跑者地位，显然已经成为了行业中的爆款。

滴滴打车和快的打车的砸钱补贴消费者和司机的举动成就了其在行业中的爆款地位，如今，这种补贴已经从之前的打车送钱演变为现在的打不到车“赔钱”。另外，滴滴打车还办了凭滴滴打车积分可以兑换200元购机券的活动，这些都是真金白银做市场补贴。打车软件已经完全进入了后补贴时代，更加注重产品给用户带来的价值，注重用户的价值体验，让用户尖叫不已。在为用户补贴的基础上，让用户获得实实在在的使用体验，这也是打造具有价值锚爆款的方法之一。

迭代思维：
迭代创新，真正的爆款不会“一爆就死”

达芙妮成立于1990年，是一家专注于制造和销售女鞋的品牌。它凭借其优秀的品质，赢得了广大消费者的信任，并通过极好的口碑赢得了知名度的提升，然而如今达芙妮的利润一落千丈，据相关数据显示，2016年年底，达芙妮出现巨额亏损，有999家门店倒闭，亏损额达到了8亿元之多。截至2017年上半年，达芙妮的门店数净减少306家，尽管达芙妮为了自救请了诸多知名明星做代言，但依然没有扭转亏损的局面。

事实上，达芙妮亏损的背后有两个原因：

第一，达芙妮缺乏产品创新。达芙妮一直在做大众化品牌的中低端产品，受到网络冲击的影响，被复制的可能性也极强。

第二，达芙妮的产品设计过时，没有吸引力，很难满足年轻时尚消费者追求潮流的需求。

达芙妮亏损看似是两个方面的原因，归结起来实际上还是因为没有具有市场冲击力的爆款。当然，达芙妮也发现了这一点，在2017年6月底宣布与美国潮流品牌Opening Ceremony合作，除此以外，达芙妮还通过改变品牌形象LOGO、重塑店铺设计、重整设计团队来迎合新一代消费者追求时尚、个性的需求。

达芙妮曾经也因为自己的爆款而辉煌过，但终究没能靠过去的爆款守住自己的辉煌。如果不重振旗鼓，不选择在产品方面进行设计和创新的突破，不着手打造新的爆款，那么其创始人几十年的奋斗必将化为乌有。可见，达芙妮能够认识到这一点并及时跟进，打造新的爆款，这种破局举动是非常明智的。

那么作为排头兵企业，如何才能让自己的爆款不会“一爆就死”呢？答案就是迭代更新。

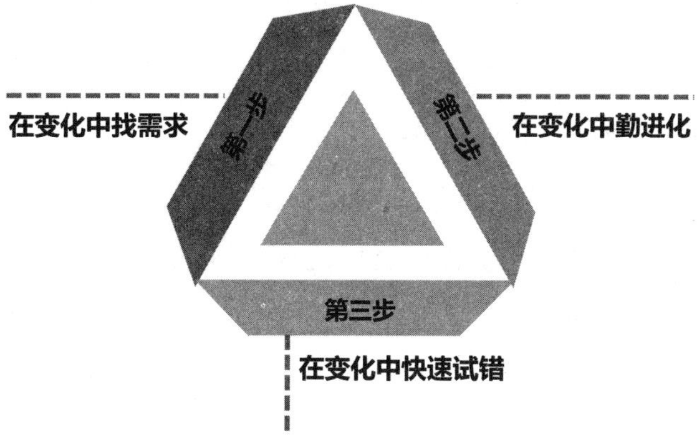

借助迭代创新的步骤

第一步，在变化中找需求。

如今，随着社会的进步、经济的繁荣等因素而不断变化，消费者需求更加追求品质化、多样化、个性化产品来满足自己的各项需求，无论企业生产何种产品，都是以用户价值为主导，以用户需求为核心，充分跟进用户不断变化的产品需求，从而将产品做到极致，这样的产品才能称为真正的爆款。也正是如此，使得市场中产品更新速度之快犹如风驰电掣一般，各企业争相打造属于自己的爆款产品。

在这样群雄逐鹿的时代，即便是品牌企业如果一味默守陈规，将很难在这个竞争激烈的时代生存。

第二步，在变化中勤进化。

企业要想长盛不衰，除了要全力打造爆款产品之外，还要对爆款勤进化。“勤进化、常更新”是企业的唯一出路。

在对爆款进行“进化”的过程中，需要注入用户需求的基因，完成快速迭代升级，才能保证消费用户能够获得较高水平的用户体验。否则你的研发速度永远赶不上用户需求的变化，最终被时尚淘汰也是预料之中的事情。

第三步，在变化中快速试错。

李开复在经营创新工场时讲过这样一句话：“先向市场推出极简的原型产品，以最小的成本和有效的方式验证产品是否符合用户需求，然后再结合需求迅速添加组件。”李开复这句话体现的正是一种快速试错的迭代思维。

在互联网时代，任何小概率事件都可能发生，使得未来具有高度不确定性，此时进行产品开发的过程中，就必须用最小化的原型快速启动，在最小范围内快速实验和试错，这样可以有效降低试错风险。如果发现产品不符合市场需求，可以实现“快速而廉价的失败”。

从学习的角度来看，没有任何既定的蓝图可以作为让爆款不会“一爆就死”的万能模板。频繁的试错能够创造出更多的纠错机会，在不断试错与纠错当中可以有效提升爆款迭代更新的成效。

Facebook上有一款人们再熟悉不过的游戏——德州扑克游戏，该游戏作为社交游戏公司Zynga旗下的一款游戏非常火爆。Zynga就是一家迭代非常快的公司，该公司将游戏产品作为互联网产品，采取快速经营的模式，每周将游戏进行多次创新，与此同时尽量发布更多的新游戏，并进行快速试错，经过这样快速的轮番更新、完善与创新之后，Zynga仅在一年半的时间里，已经拥有超过2亿的月度活跃用户。由于后来其他原因导致经营不当，Zynga香消玉殒，即便如此，Zynga这种快速创新产品赢得超高活跃用户的事实是我们不可否认的。

由此可见，一款真正的爆款不会“一爆就死”，关键在于爆款的迭代更新，因为每一次迭代生产的结果都是为了下一次迭代的成功，从而让爆款在市场竞争中能够无懈可击。

饥饿思维：
大规模饥饿用户成就爆款

有这样一个传说：

在古代，有一位皇帝享尽了人间繁华，尝尽了人间的山珍海味、奇珍异果，但从来没有尝到过“饿”的滋味，因此，他感觉吃饭越来越没有胃口，也让御厨深感不安。有一天，御厨想到了一个绝妙的方法，向皇帝提议到：“有一种名曰‘饿’的极致美味佳肴能够让圣上食欲大开，只是它无法轻易得到，除非您和我一起去找。”皇帝一听高兴的当即应允，决定与御厨微服出宫寻找此美味。君臣二人跋山涉水一整天，饥寒交迫地来到一处荒山野岭，此刻御厨趁机把事先藏好的馒头呈给皇帝：“托皇帝的洪福，我们找了一天，终于找到了‘饿’。”此时，皇帝已经又饿又累、精疲力尽，见到了这个叫“饿”的馒头欣喜不已，二话没说，当即吃下，并连连称赞这是他吃过的这个世界上最美味的东西。

尽管这个故事有些调侃意味，但却蕴含了一个商业营销策略——饥饿营销。很多企业将“饥饿思维”运用到商业领域，取得了不菲的成绩。

饥饿作为现代经济学的基础概念之一，现在常被用来作为打造爆款常用的手段，那么如何在打造爆款的过程中运用饥饿思维呢？

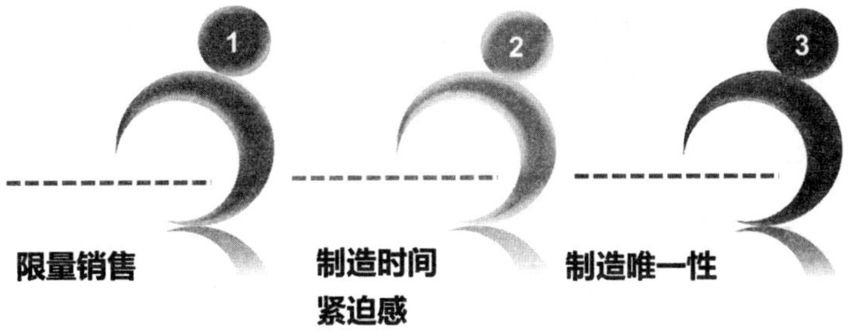

运用饥饿思维打造爆款的方法

1.限量销售

即便是产品有充分的供给，在做营销的过程中也有意地通过限量销售来制造用户的“饥饿感”。

限量销售的这种方法就是为了给客户传达一种“物以稀为贵”的信息，因数量有限，则更能显示出产品的价值，更能吸引更多的潜在用户，使那些处于“饥饿”状态的货品能最大程度上激发客户的购买欲望。

小米手机非常难抢，这是业界内外公认的现象。那些没有F邀请码，不是VIP用户的普通用户在小米新品开展预约订购时几乎很难在第一轮中抢购到小米，经过四五轮抢购依然空手而归的大有人在，因此有人调侃，要想抢到小米手机非得蜕一次皮不可。

小米每次推出的新产品都是限量供应，买小米必须要靠抢，且抢到后还需要等待一段时间才能拿到手机，这种限量销售的方式就是一种饥饿思维。

“买不到，我偏要买”这是人类的逆反心理的具体表现。利用限量销售可以营造出一种饥饿感，让用户觉得不早点下单就会买不到，这无疑可以极大地提高用户的购买热情，确保一有创新产品问世就有大量“粉丝”争先恐后抢购。在这种人人争相抢购的氛围下，使得小米逐渐带着爆款潜力从大众品牌中浮出水面。

2.制造时间紧迫感

与“限量”造成饥饿类似，“时间”上的紧迫感也能够给客户带来一种稀缺感，提升购买的紧迫感，各种现实秒杀、现实优惠等都是制造时间紧迫感方法的运用。

3.制造唯一性

自古以来，物以稀为贵，那些价值连城的孤本、罕见的古董都是人人梦寐以求想得到的。在打造爆款的过程中，同样也可以利用制造唯一性来实现。

以Rose Only为例。Rose Only制定的“一生只送一人”的奇葩规则，人为地制造了两重唯一性：一是敢这么卖玫瑰花的仅此一家，品牌本身具有唯一性；二是一旦购买了Rose Only的产品，一生只能送给一个人，产品使用具有唯一性。这种两重唯一性让用户对Rose Only产生了强烈的渴求和珍惜，也给品牌带来了高额附加值，让Rose Only成为了最受欢迎的爆款，成为了同行业中的奢侈品牌。

一个品牌能够有区别于其他品牌的优势，并能够升级为爆款，关键在于其具有极强的吸引力、排他性。有了这两个特性，就完全可以借助饥饿思维通过品牌或产品所具有的亮点，如技术含量、高端品质等具有排他性的卖点打动消费者，并通过限时、限量、唯一性调足消费者胃口。当饥饿用户达到一定规模，他们对产品的急切渴望以及争相抢购，就将你的品牌或产品推向同行业中爆款的位置。当然，还应当学会拿捏“饥饿”的程度，因为一旦超出消费者能够承受的“饿”的程度，效果也会适得其反，把一部分消费者挡在门外，这样的结果必将得不偿失。

03 第三章 爆款要素：核心要素助推爆款更畅销

如今，市场中同质化产品愈来愈多，让用户为你的产品积极主动地买单，只有很少的一部分企业才能做到。究其原因，就在于这些企业能够把握打造爆款的关键要素，助推爆款。

产品是关键，好产品才具备爆款潜质

随着生活品质的不断提升，人们的生活需求已经发生了翻天覆地的变化，从之前基本的生活需求转变为满足享受和引领潮流的需求。在这种背景下，那些能够满足人们的基本功能需求，能够满足人们对享受、潮流、时尚等要求的产品，就成为了行业中的爆款。

企业要想打造爆款，首先就需要做好产品，只有具有高品质的产品才具备成为爆款的潜质。

打造爆款，需要在产品上下功夫，以下是几个入手点：

爆款应当具有的潜质

1.产品具有引领消费潮流的功能

生活品质的提升必然对产品品质提出更高的要求，除了最基本的功能，产品还应该具备引领时尚潮流的功能。

人类是有惰性的，如今，“懒人经济”已经形成，各行业中都跃出O2O型企业。如上海一家名叫申阿婆的面向大众消费者的连锁餐饮企业，与亿美软通进行合作之后，利用掌客通移动整合营销平台建设其企业自身App，实现了品牌展示、资讯信息、电子优惠券等O2O营销体系，并实现了线上营销与线下消费的良好结合。

在申阿婆App应用中，将定位LBS加入其中，并且在地图上能够看到上海申阿婆餐饮店的具体位置以及联系方式，用户可以根据定位查找附近最近的申阿婆店面位置。与此同时，申阿婆还在App中加入了大家推荐的私房菜、人气菜，方便消费者了解。申阿婆定期会开展优惠券活动，对于消费者而言，在申阿婆线下消费，除了线下服务、环境、菜品之外，通过线上领取并用手机扫描二维码，线下扫码终端进行身份和二维码验证，完成线上线下从生意到体验的无缝对接。

申阿婆可以说彻底打破了传统餐饮模式，为消费者灌输全新的用餐理念，引发了全新的餐饮潮流。抓住了消费者生活节奏越来越快，对服务性要求更高，速度更快的消费需求，将自己打造成了行业中的爆品。

2.产品融入让消费者尖叫的尖端科技

称得上爆款的产品，必须具备让消费者尖叫的品质，拥有数量众多的粉丝，因此，在制定爆款的时候，企业一定要充分发挥工匠精神，然后花足够的时间和精力去打造产品，挺高产品品质，在产品中融入让消费者尖叫的尖端科技，提升人气，最终为企业带来优异的销售业绩。

华为Mate7可以说是华为手机产品中具有超强人气的产品，它的出现将一直困扰国产手机多年的3000元“价格红线”彻底打破，让华为从真正意义上跻身到了高端手机产品中。华为Mate7之所以经常断货，无疑消费者喜欢的爆款，关键在于华为打造了无与伦比的产品品质，即在技术上采用顶尖级指纹识别解锁功能，并且解锁时间要短于Iphone。华为Mate7无论在外形、品质、技术上都堪称一流，令消费者爱不释手。

3.产品融入消费者的个性化需求

产品能够让消费者爱不释手，还有一个重要原因就是能够充分满足消费者的个性化需求。随着高度信息化时代的到来，人们的认知水平有了极大的提高，对于产品的需求也变得更加挑剔，更加倾向于能够体现其与众不同的个性化产品。爆款与普通产品相比，则个性化特色更加突出，竞争优势更强。

发挥流量的杠杆作用引爆产品

流量已经不再是什么新鲜事了，从原来做生意的人都希望客流多，都愿意把自己的店铺开到热闹的街道上，如今，进入互联网时代，为了更具时代感，我们不妨将线上、线下，知道并关注你生意的人都称为“流量”。

以前，打广告时会说“广告费太高”，如今叫“流量成本太高”；以前说“怎样扩大目标客户”，如今说“如何提升流量”……那么销售的问题就变得更加简洁了，换句话说，销售的公式是：销售=流量×转化率。当你所获得的流量越来越多，销量从量达到了质的飞跃，那么你所打造的产品就自然而然的成为了大众眼中的爆款。所以说，拥有足够的流量，你就可以撬动整个行业。

对于企业来讲，无论是传统企业还是互联网企业，流量都是其第一竞争力，甚至是第一生死线。如果一个企业不擅长获取流量，那么这个企业必然不能将流量实现转化，这样的企业在市场竞争中必死无疑。

很多传统企业在向互联网转型的过程中，稍有不慎就被互联网企业干掉并取而代之，其中一个重要原因就是没有找到真正的流量获取方式。当企业拥有了大规模流量，企业离成功打造爆款还会遥远吗？当务之急是企业如何获取流量。

企业发挥流量的杠杆作用引爆产品的方法

1.自建流量池引流

以手机行业为例。当前，手机行业的发展已经过了蓝海期，完全进入另一个阶段，但并不是红海期，而是血海期。之所以这么说，是因为目前手机行业在互联网的冲击下原本巨大的流量已经被逐层分解。过去，传统企业的流量分布大概是线下占90%，线上占10%，然而如今却出现了大反转，线上占60%，线下占40%。所以，如果你能够掌握线上引流的技巧和方法，将流量引到自己的流量池中，那么你将获得超乎想象的流量，这对于成功打造爆款也是大有裨益的。具体来讲，企业在线上自建流量池时，需要做好以下两点：

1）根据当前企业的产品或者业务类型等决定需要建设什么类型的平台（如微信平台、微商城、网站等），从而帮助你有效拓展业务量。

为了争夺行业话语权，越来越多的品牌商开始自建电商渠道，希望借此摆脱对传统渠道的依赖，实现线上、线下的融合，从而带来更多的流量。当年，格力为了摆脱对国美、苏宁的依赖，投入巨资建立自有渠道，如今，在电商领域，更多的品牌商开始效仿格力，开始自建电商渠道。其中3C（信息家电：Computer、Communication和Consumer Electronics）、服装、奢侈品等成为品牌商自建电商渠道的主力。

日本服装品牌优衣库前几年的实体店还没有开到广州，但其官网电商的功能十分突出，引起了大量消费者纷纷上网采购，为优衣库带来了巨大的流量。优衣库成为服装品牌类企业开展电子商务的典型案例。此后，优衣库实体店逐渐登陆广州市场，吸引了众多忠实客户到实体店试穿，并在网上下单，从而使得线上线下相得益彰，打造了优衣库服装界爆款的形象。优衣库自建流量池成功吸引流量的举动，带动了众多服装厂商纷纷效仿。

2）在建设自有平台时，应当充分考虑平台要实现什么样的功能，以便后期能够高效管控，同时也有利于用户的参与，如会员卡、积分、在线商城等。

2.借别人的流量池引流

无论是个人自媒体还是企业，都需要有大量的流量。而传统意义上的曝光能够获得的流量是非常有限的，并不能带来理想的转化率。

目前，获取流量的一个最佳途径就是借别人的流量池引流，即借助自媒体平台，在自媒体平台上进行流量推荐。

例如百度百家、搜狐自媒体等这些平台都是很好的流量池，在这些平台上，一篇适当的标题文章，加上不错的内容就可以轻松拿下破万甚至是“10万+”的流量。如果一个自媒体平台上的阅读量能够破万甚至是“10万+”，这就意味着这个平台上已经拥有超过“10万+”的用户或“粉丝”。此时企业如果能够联合这些平台发布自有产品信息，那么就可以将平台原本的用户或“粉丝”成功转化为自己产品的用户或“粉丝”，阅读量一下就上去了。在这个基础上，自然有效提升了产品的销售转化率。

总而言之，企业借助互联网、移动互联网平台可以激发流量、制造流量，为引爆产品带来巨大的机会。

从众心理
将产品推上爆款的云巅

从众心理是每个人都有的，当大家都在做同一件事情的时候，你会无意识地跟随别人的步伐去做。这是一种潜意识下的行为，这种心理是“随波逐流”和“人云亦云”行为的最好写照。

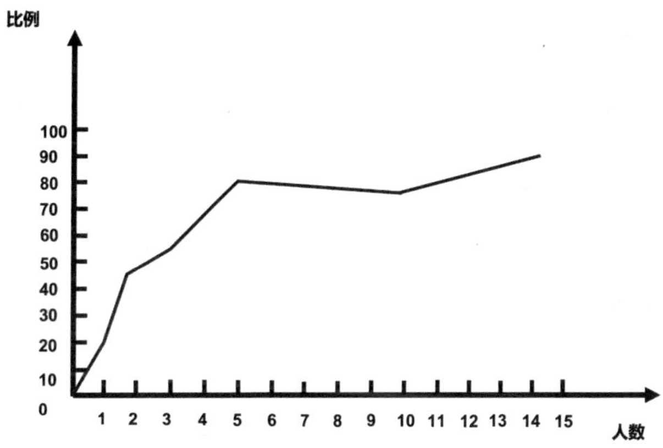

从众心理实验曲线

有一位心理学家做过这样一个实验：

路上有一个人流鼻血，想通过抬头看天空的方式来止血，之后有20%

的路人跟着抬头向上看，他们并不知道那个人抬头的原因，而是以为天空中有什么新奇的地方。一旦有5个人抬头看天，就会有超过80%的人也停下脚步顺着往天上看（即便天空中什么都没有）。

这就是一个典型的从众心理测试实验。

人们之所以产生这种凑热闹、随波追流的行为，完全是在从众心理作用的驱使下而表现出来的。看到别人购买，就会盲目地认为这么多人选择的一定不会有错，所以也就对产品产生了信赖感。一款产品如果能借助从众心理的力量，实现销量的暴增也是一件非常容易的事情。

当年，日本索尼公司生产出一种能边走边听的随身听录放机，为了打通销路让产品畅销，索尼公司决定采取一种更新颖、更有效的营销方式。

当时，在日本的学校中兴起了一股疯狂的学英语热潮，学校要求每位学生都必须有一台录放机。当索尼知道这一消息之后，立即派出十名年轻的员工，携带随身听在学校的大门口走来走去，并且故意放大音量，表现出十分陶醉的样子。

当学生们看到时，便纷纷打听他们的随身听是从哪里买来的。几天后，索尼随身听遍及日本的各个大、中、小学校。

索尼的广告宣传方式可谓一本万利，他们并没有向大众推荐他们的产品，而是锁定了一部分中小学生群体，利用他们的“从众心理”，让他们纷纷跟随潮流加入了抢购随身听的行列。

在购买产品的时候，大众往往喜欢选择一些人气火爆、很多人买过、评价不错的产品，利用这一心理战术的运用并非是某些人的专利，只要能够活学活用，能够很好地抓住大众的这一心理，在互联网时代打造爆款的运用中能够获得更大的成效。

那么在互联网时代，如何借助从众心理来助推爆款更加畅销呢？

借助从众心理来助推爆款更加畅销的方法

1.利用社群的力量

很多企业在新品上市之后，往往将注意力全部放在砸钱做营销上，忙着将广告张贴在电梯、忙着在电视广告中大规模给用户洗脑，但对于这场大规模砸钱行为能够产生什么样的效果却不清楚。

并不是他们没有做好广告投放预算，关键在于这种盲目的广告投放本身就具有很多不确定性和不精准性，所以砸钱投放能换来何种效果自然成为一个未知数。可以说，大部分新产品即使广泛撒网却没有获得理想的推广效果就是因为企业没有有效激活群体的从众心理。简言之就是没有充分利用群体的力量撬动社交传播，建立一个社群，这个问题将迎刃而解。

社群是建立在社交关系链基础上的，社群成员往往基于同一点，如共同的需求、情感上的共鸣、相同的喜好等聚集在一起的，所以如果能够说服社群成员中的一部分人使用你的产品，则可以利用从众心理带动更多的人购买。基于社群成员的这种展示效应，购买产品的人越多则销量越大，打造爆款也就越快。

比如你发现你的朋友圈好几个人都在晒自己拥有的一款防溅水雨伞，样子新颖、功能独特。下雨时，人们外出需要打雨伞，但是打着雨伞向前走的时候，前方的雨水也常常会溅到身上，时间一长衣服也会被打湿，而这款防溅水雨伞是对现有技术的一种改良，拥有这样一把“神奇”的雨伞，自然让人感觉自己站在了时尚的最前沿。于是你在看到之后，在从众心理的作用下也会买一把同样的防溅水雨伞使用。这就是社群成员受到展示效应的影响之后基于从众心理而产生强烈购买欲望的表现。

2.用好小众KOL（关键意见领袖）

如果能够在社群成员中寻找KOL展开攻势，则可以获得超乎想象的销量。他们虽然不一定会经常购买产品，但在相关群体中却有话语权，对群体的购买行为具有极强的影响力。借助KOL的意见参考作用，帮助你的品牌代言，就会拥有一大批同类型客户。

当然，消费者虽然具有从众心理，但这种从众心理是需建立在真实、可信的产品推荐基础上的，而不是泛泛的KOL代言。因此，你所青睐的KOL最好更加细化为专业领域人士。

巴黎欧莱雅可谓是利用小众KOL巧妙激发用户从众心理的行家。巴黎欧莱雅推出了“Beauty Squard（美妆小分队）”签约五位成员作为品牌大使。这些成员通过原创社交内容，这些内容包括大型活动的幕后视频、产品使用评价、小贴士、指导视频等，为巴黎欧莱雅旗下的新品吸引更多的关注，创造更多的舆论，最终实现销量的提升。

签约的五名KOL为英国地区最具有影响力的几位美妆博主，包括超模牙缝妹Ruth Crilly，时尚Icon Patricia Bright、时尚博主Victoria Magrath、美妆达人Emily Canham及Kaushal，五个人在YouTube及其他社媒上的“粉丝”数加起来达到了“500万+”，其中，Victoria Magrath一个人的“粉丝”数就超过73万。

巴黎欧莱雅之所以签约这些集时尚、潮流于一身的超模、时尚博主、美妆达人等作为KOL，是因为他们本身就具备很多有关时尚、美妆等知识，他们对于广大民众来讲在专业领域具有独到的见解，更具有信赖度。

所以，无论是社群还是KOL都是利用人们的从众心理，从小众市场出发，刺激大众传播和购买，更是能够实现产品快速被推上爆款的方法。

高转化率
让爆款销量爆表

有的企业一直月销售额过万、百万；有的则在热销后偃旗息鼓一件产品；有的生意刚开始时经营惨淡，一段时间后生意火爆，然而究其原因，在于爆款的转化率。

转化率是期望行为人数与总人数的比值。期望行为是我们考量目标希望做到的行为，比如点击率中的“点击”就是我们期望的行为，转发率中的“转发”就是我们所期望的行为……由于总人数是固定的，所以我们只有提高期望行为才能提升转化率。

具体来讲，转化率可以用一个“漏斗模型”来形象地表示：

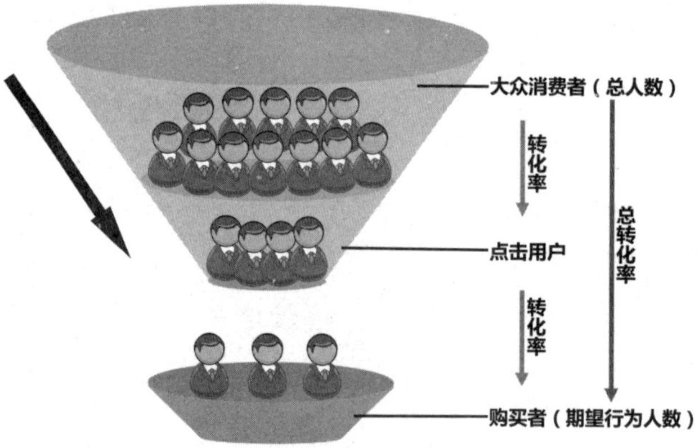

在漏斗模型中，可以想象一群大众消费者从漏斗的顶端进来，在每一个步骤都是购买者的沉淀，总转化率=第一步转化率×第二步转化率，也就意味着要想总转化率最大，就需要每步转化率达到最大。

那么如何才能让每一步的转化率达到最大，最终实现爆款销量最大限度的提升呢？

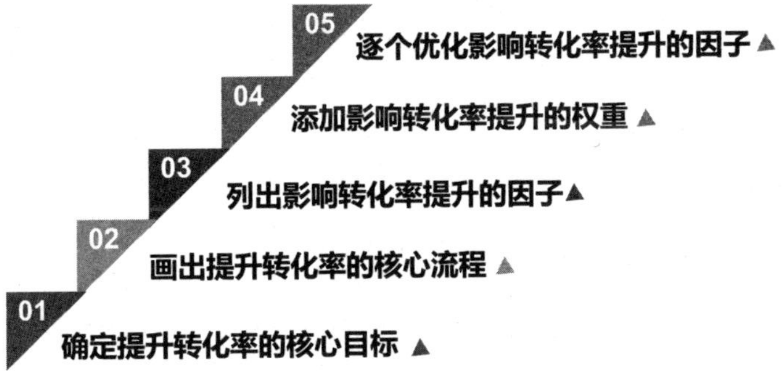

最大限度提升爆款销量的步骤

第一步，确定提升转化率的核心目标。

做任何事情，制定目标是最为关键的一步。企业在提升转化率之前，需要制定一个转化率目标，这样在之后的每一个经营环节都能够围绕这个目标进行。当然制定目标的另一个作用就是对之后所得到的转化率结果进行比较，以此判断核心目标是否成功提升。总之，核心目标一方面可以作为"引导者"，指引后续行为朝着目标前进；另一方面可以作为"检验者"，对最终取得的转化率结果进行考量。

第二步，画出提升转化率的核心流程。

很多人认为产品运营工作天天都在做，所有的运营流程早已了然于胸，但如果你能够亲自动手画出核心流程，此时你会更加清楚用户的走向，相当于已经把用户的漏斗模型建立起来了。

第三步，列出影响转化率提升的因子。

转化率的高低是受一定因素影响的，因此你需要把所有可能出现的影响大众消费者发生变化的因素全部列出来，并将其放到流程中。

技巧一：模拟用户的整个流程，把从产品想法到最终流程结束，整个过程中能够想到的影响因子全部写下来。

技巧二：试着从模拟体验竞品的流程出发，在体验的过程中可以发现竞品中可能出现的影响因子，进而将其收入自己的“麾下”，为提升自己的转化率做贡献。

第四步，添加影响转化率提升的权重。

虽然已经列出了很多影响因子，但是这些因子对转化率的提升影响效果有大小之分，这时就需要对这些因子的影响力大小用数据化的方式“翻译”出来。

具体的方法如下：让最具有权威性的专家集体进行评判，找出可能影响转化率的20个因子，并将这些因子进行细致的划分，比如一级代表超大影响、二级代表有大影响、三级代表有影响、四级代表有微小影响。每个因素发生的概率也划分为四个等级，分别为90%、70%、40%、20%，然后让专家每人列出20个因素可能发生的概率，最后将获得的平均概率相加，所得的结果就非常有参考价值了。

对这些影响因素用数据清晰地“翻译”出来之后，你就可以通过这些数据来判断每个因子的权重。虽然这种做法带有一定的主观性，但基于对其进行数据化，获得的结果终归比我们仅凭感觉分析获得的结果更加靠谱些。

第五步，逐个优化影响转化率提升的因子。

根据前一步的影响权重进行排序，这样就能找出能够影响转化率提升的因素，之后要对各个影响因素进行逐步优化。通常影响权重较大的几个因子有：

1.网页页面

页面要保证流畅性、易操作性，以及良好的视觉体验。

2.减少中途退出

好不容易才引来的流量，如果在中途就退出，实在是可惜。所以，在产品流程中不能让大众消费者轻易离开。

当前，国内矿泉水种类繁多，竞争也相当激烈。乐百氏集团的矿泉水净化工艺流程很长，但很多消费者并不知道这一点，于是一个非常好的广告创意诞生了。乐百氏主打自己的矿泉水是“经过27层水净化”之后的产品，当广告传递给大众消费者这个信息之后，就相当于为他们建立了一个“判断优劣的标准”，也正是这一点使得乐百氏能够极大地提升转化率，在市场竞争中脱颖而出成为行业中的爆款。

3.戒备心理

用户在产生转化之前，一定会对产品产生疑虑，内心会问“如果出现问题怎么处理？”等。所以，你需要做的就是让客户产生对产品信任。

（1）客户见证：附有照片和评价的客户见证往往较容易让大众消费

者产生信任。

（2）优势展示：大众消费者对你的产品好坏一无所知，此时你需要主动展示团队优势、行业认证、牌照、获奖情况、注册资金等，这些都能有力地证明企业是经济实力雄厚，所生产的产品优质。

（3）名人代言：邀请细分行业中的知名人物、专家为你的产品代言，提升大众消费者对优质产品的可信度。

复购率不高的爆款
都是在自嗨

市场竞争犹如大浪淘沙，企业与企业之间的竞争归根结底是对于客户竞争，不只是拥有多少客户，更重要的是能够留住多少客户。如果不能提高重复购买率，那么你所打造的爆款将不会创造任何价值。

那么如何才能提高爆款的重复购买率呢？

提高爆款重复购买率的方法

第一步，建池塘，勤抓潜。

很多人都不止一次听过这两个词，但很少有人能真正领悟它们的意思。这里所谓的“池塘”实际上是指用户数据库；所谓“抓潜”就只把你潜在的用户全部收集到你的池塘中去。这样做可以很好地增强用户对你的信任，更重要的是，这比那些盲目发送的硬性广告要好很多。

另外，在借助精准的爆款宣传广告“抓潜”的过程中，也应当注意广告频率要适可而止，否则之前好不容易建立起来的信任和黏性必将被客户对高频广告投放的反感而湮没。

第二步，狠抓产品和服务。

从客户上网浏览产品到后来确认收货并做出评价等所有环节，要想让客户感觉满意，就需要全心全意为客户服务。这样，你提供的高品质产品，再加上真诚的态度和极佳的服务，就会成为人们心中的爆款。

总之，狠抓产品和服务，客户才会觉得钱花在了刀刃上，自然客户会买得放心，用得安心，能够有效提升客户的重复购买率。

第三步，完善客户对产品和服务的需求。

客户的意见和建议对产品和服务的完善和改进具有十分重要的意义。完善和升级后的产品在满足了客户参与感的同时还融入了客户的智慧和创意，客户自然对这样的产品更加喜爱，重复购买的几率也会有所提升。

第四步，打造“一站式”购物服务。

好产品离不开好服务，爆款更是如此。任何人都希望自己买产品的过程中省事、省时、便捷，为了满足客户的这种心理需求，可以把主营的爆款产品向其服务延伸开来，让客户在选购的时候更加方便，这样就提升了客户对爆款的重复购买率。

04

第四章

爆款秘诀：“神级爆款”缔造的秘密

很多企业在做产品的时候，无论哪个环节都煞费苦心，花了不少心血，最终结果却不如人意。还有的企业虽有爆款产品，但因为运营能力的欠缺，使得大众对此一无所知。因此，掌握“神级爆款”缔造的秘密，能够帮助你的爆款产品快速在市场中占领市场。

品牌形象更为标签化

提起品牌，首先让人想到的比如可口可乐、IBM、苹果等，它们的品牌形象已经深深地根植于我们的脑海中，成为我们心中的爆款。可见，品牌形象的打造对于构建爆款有十分重要的作用和意义。

那么实现品牌形象标签化，应当从哪些方面入手呢？

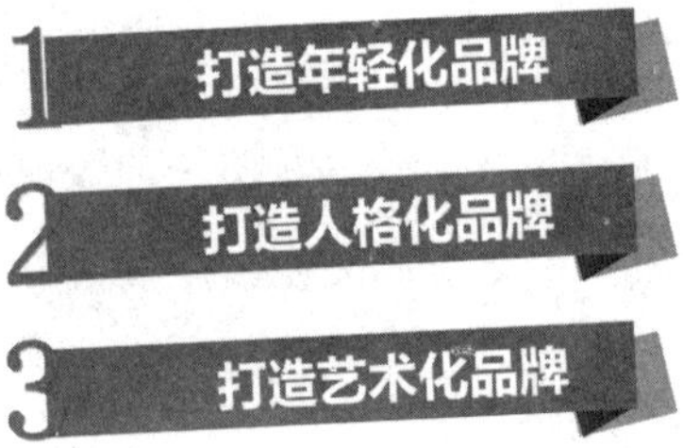

实现品牌形象标签化的入手点

1.打造年轻化品牌

时下，消费主力军大多是80后、90后，他们往往具有很多年轻化的特点：追求高品质生活、永远站在追逐时尚与潮流的最前列、喜欢用个性化的方式活出真我，所以，企业在打造品牌形象的时候，应当着重从这些消费人群的年轻化特点入手，这也是区别于其他品牌的一大显著的标签。

举个例子，星巴克就非常善于利用消费主力军年轻化的特点，赋予爆款品牌年轻化标签。

星巴克的价格对于一些上学的学生和刚刚踏入或踏入上班族不久的人来讲是相当不便宜的。但是对于年轻人来讲，能够将别人“喝不起”的饮料喝出一种白开水的姿态，也是可以在朋友面前进行的一种“低调的炫耀”。

星巴克抓住了年轻消费者爱炫耀、容易冲动消费去追求高品质生活的心理，在2017年初与微信合作，共同打造了一个新的社交功能。用户可以在访问这一体验功能“用星说”，在线上购买礼品卡送给自己的微信好友，受赠方受到的卡片会自动存在卡包中，可以到门店扫二维码就可以兑换咖啡。在送礼的过程中，可以自主发文字、图片或者视频的方式，跨越空间的鸿沟，为微信好友送出一片“星”意。

和朋友一起分享自己的心意，在现在年轻人的眼中是再正常不过的了，他们并在乎是否给星巴克做了一次免费广告，更在乎的是能够通过分享来体现自己永远站在追逐时尚最前列、追求高品质生活的实力。对于星巴克来讲，也无异于借助大众消费群体的年轻化实现了品牌的年轻化。

2.打造人格化品牌

在营销界有这样一句俏皮话：“不说人话的品牌是没有未来的，不谈感情的品牌就是耍流氓，没有文图的品牌就是没人性。”然而这句话却真真切切地道出了品牌的人格化特征。

所谓品牌人格化，就是把品牌进行拟人化、情感化，让赋予其价值观、格调以及情怀等，从而彰显品牌的差异化、标签化。这一点从我国当前汽车消费市场就可见一斑：商场精英一般不选择奥迪，大学教授一般不选择奔驰，行政人员一般不选择宝马。原因就在于，奔驰象征着“豪华、舒适”的品牌个性，深受商界成功人士喜爱；宝马的蓝白标志象征着“自由、乐趣”的驾驭个性，因此深受年轻消费人群的青睐。所以，作为品牌，要想赢得用户的芳心，就要为品牌赋予更多的情感、人性，如浪漫、稳重、冒险、叛逆、坚强等，当把这些元素融入到产品中，就形成了品牌人格。

例如，吃个褚橙能够品出褚时健奋斗的味道；喝口小酒，就能体会到江小白深情的一句话“把所有人都喝趴下，就为和你说句悄悄话”；吃块牛腩，就能感受到雕爷所透露的一种“老炮”魅力。这就是对品牌进行的人格化。

3.打造艺术化品牌

可口可乐成立于1919年，距今已经有百年历史。可口可乐成为当下全球畅销的爆款饮料，经典的口味和绝密的配方是其成功的关键，但同时作为这种饮料的载体——可口可乐瓶子的华丽变声也是功不可没的。

如果把可口可乐瓶子看作是一件艺术品，那么它必定是当之无愧的。

可口可乐的瓶子最初是酒瓶形，后来一次偶然的灵感，设计师根据美国妇女当时最流行的一款裙子设计成现在的样子。这种具有优美曲线和弧度的瓶子不但外形美观，而且还能防止从手中滑落。时至今日，这种具有标志性特征的可口可乐瓶身依旧以其优美的曲线征服了全球的消费者，品牌的标签化特征则日益凸显。

可口可乐瓶造型

的确，品牌的标签化意味着给品牌定了一个特殊的代号或符号。在当前信息爆棚的年代，即便是再大的事件都会随着时间的推移很一闪而过，最终淹没在洪流当中。品牌如果想在市场中屹立不倒，就需要用一种特殊意义和形式的艺术风格来支撑。这样才能不断重复出现在人们的视野当中，才会被大家逐渐所认识，并被长久记忆。当然，这样的品牌也必然是市场中能够长时间存活下来的爆款。

如果说“性格决定命运”，那么品牌的标签化决定了品牌的命运，因为人们常常把个人形象、精神世界的寄托和个人情感的宣泄通过消费的方式彻底释放，并喜欢通过品牌表达对自由的渴望、品质的追求、精神的向往。所以基于这一点，企业完全可以通过品牌形象的标签化来满足人们情感释放的需求。这也是成就爆款的一个重要秘密。

更为极致的用户体验

如今是爆款为王的时代，对于爆款的真正含义一些企业认为，产品的质量要好，有源源不断的回头客，这样的产品就是爆款。但这样的理解只算说对了一半。事实上，除了产品品质之外，客户更加看重的是购物体验，有时候甚至越过对产品品质好坏的感受，特别是功能效果在短期内不能很好体现出来的产品，如保健品、护肤品等。

在当前这个互联网时代，创新和体验已经成为市场经济发展的核心方向。在体验经济的浪潮中，很多企业都在标榜用户体验为上，打造行业中的爆款产品，但什么才是真正的用户体验呢？

举这样一个例子：一号店的送货员在炎热的夏天将一整箱重重的饮料搬上了6楼，送到消费者手中时，消费者看到满头大汗、气喘吁吁的送货员内心里满是感动。这就是为用户提供的更加极致的用户体验。

那么具体来讲，如何才能通过极致的用户体验打造“神级爆款”呢？

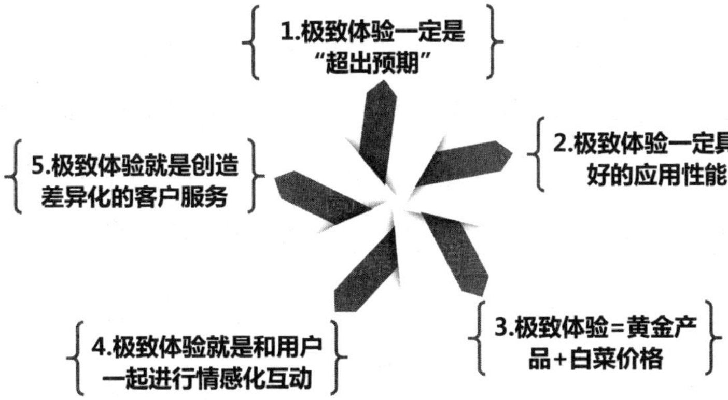

借助极致的用户体验打造"神级爆款"的方法

1.极致体验一定是"超出预期"

极致的用户体验往往能够让用户对产品产生超乎想象的满意感。客户满意度=客户体验—客户期望。现代营销学之父菲利普·科特勒（Philip Kotler）认为："客户满意是指一个人通过对一个产品的可感知效果与他的期望值相比较后，所形成的愉悦或失望的感觉状态，客户的满意水平是可感知效果和期望值之间的差异函数。"根据菲利普·科特勒的定义，要想提高客户满意度，很重要的一点就是缩小客户体验与客户期望之间的差距。

客户对一件产品的期望值是一定的，而客户所获得的体验则是可以有所提升的，唯有为客户提供超出预期的极致体验才能让客户获得最大限度的满足，在这个基础上，客户心中的爆款也就形成了。

值得注意的是：极致的体验一定是"超出预期"，而不一定是"极尽奢华"。

举个简单的例子。我们平常打车，都是自己来开车门上车，但是Uber却增加了一个“由司机给乘客开车门”的服务，这对于客户平时需要自主拉开车门而言，显然超出了他们的预期。虽然享受了超预期服务，然而并没有增加任何成本，但收到的效果却是极好的。这也正是Uber能够在全球范围内覆盖70多个国家的400余座城市，成为大众喜欢的爆款的原因之一。

2.极致体验一定具备好的应用性能

据权威调查表明：服务响应延迟1秒，就可能导致35%的用户离开；而1秒的页面加载延迟相当于减少了11%的页面浏览量，也就意味着减少了11%的转化率。

可见，在当前，用户要求以最短的时间获取到想要的服务，所以网页加载速度和稳定性也是用户体验的一部分。如果加载速度缓慢、容易自动跳出，那么势必会降低用户的满意度，也会给你的爆款减分，因此，极致体验一定需要具备好的应用性能。

3.极致体验=“黄金产品”+“白菜价格”

客户获得最初的体验往往是产品和价格赋予的。极致的用户体验，来自于黄金般的产品和等同于白菜般的价格。因为，对于客户而言，首先必须有好的产品，才能对其产生吸引力，才会提升其对产品的好感，在不亏损的情况下制定一个非常便宜的价格，这样给客户营销一个“黄金产品+白菜价格”的氛围，才更容易让其有一种获得极致购买体验的感觉。这种极致体验必然能在销量上冲刺，爆款也就自然而然地在市场中形成了。

4.极致体验就是和用户一起进行情感化互动

和用户一起互动，通过情感化互动可以为客户提供极致的心灵体验，这也是通过极致的用户体验打造“神级爆款”的方法之一。

触动人心的产品体验，往往是有温度、有价值、有内容的，而不是用户主动去摸索、去寻找，更难能可贵的是若客户从第一感官上就能被你的产品所触动，如产品的名字、海报、Logo等，成为行业中的爆款的机会也越大。

如“饿了么”这个品牌，即便是用户还没有正式接触到产品，但已经从这三个字上直观地觉得其必定与餐饮给有关，表面看是在问用户饿了么，实则是传递给用户“饿了就叫饿了么”。

5.极致体验就是创造差异化的客户服务

差异化、等级化的服务往往能够给客户带来心理上的满足感，因此通过为其提供优于其他客户的服务可以帮助实现客户的良好感知，进而提升其体验满意度。

赢在起跑线，
快速抢占市场先机

如今是互联网时代，任何事物的发展都离不开一个“快”字。那些脱离了“快”的产品、企业，必将在市场中处于被动，作为后入场的竞争者是很难打破前入场者已经在行业中形成的格局的。

所以，打造爆款产品，更需要企业能够以出神入化的速度冲出起跑线，赢在起跑线，抢占市场先机。这也是打造“神级爆款”的又一个重要秘密。

大众往往有一种先入为主的心理，如果你的产品品质上乘、服务细致入微、能够给广大消费者带来极致的用户体验，在时间沉淀下，消费者会逐渐接受了你的产品“上瘾”，如果这时候有同样的产品在精心的研发设计之后推入市场，即便具有更好的品质，也会很难冲破你已有的爆款格局。

陶碧华女士作为“老干妈”辣椒酱的创始人，最初凭借自己独特的炒制工艺，推出了别具风味的佐餐调料，令广大食客爱上了这个味道，自1996年批量生产以后在全国迅速成为了销售热点。如今，“老干妈”辣椒酱已经传遍海内外，成为全球知名商标，可谓是辣椒酱行业的爆款。

然而，在"老干妈"正在大火之际，行业中冒出不少以"老干×"的形式命名的辣椒酱产品，如"老干爹""老太婆""老干娘"等比比皆是。他们希望借助"老干妈"的名气将产品充斥整个辣椒酱市场，但遗憾的是，他们的目标并没有实现。

虽然"老干爹"借助"老干妈"之名在市场大肆行销，连系列产品的名称也和老干妈亦步亦趋。然而现在，老干妈历经21年，已经把生意做到原产值的600倍之多，老干爹却还是鲜为人知，背负"山寨品"的骂名，生意做不大，对于扭转市场格局也回天乏术。为什么呢？

就是因为人们"先入为主"的思想导致的。所谓"第一个吃螃蟹的人是英雄，第二个吃螃蟹的人是狗熊。""老干妈"因为先行一步，已经在市场中形成了相对强势的影响力，作为后来者，无论是"老干爹""老干娘"等质量上是否超越了"老干妈"，在消费者心中已不重要，他们早已接受了"老干妈"的品牌，并以此为标准。而后来者即使付出了几倍甚至几十倍的努力，花了再多的代价，也很难汗多"老干妈"早已形成的强势爆款地位。

可见生意胜在起步，这样才能赢得先机。那么如何才能快速抢占市场先机呢？

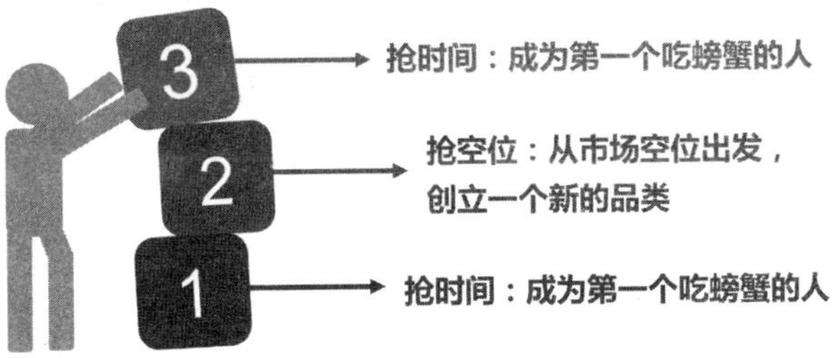

快速抢占市场先机的方法

1.抢时间：成为第一个吃螃蟹的人

能够抢先占领一个全新的市场，首先就需要有抢时间意识，成为第一个吃螃蟹的人。因为既然是一个全新的市场，就一定是一块巨大的“肥肉”，很明显，能够在第一时间率先进入市场的人才能赚得盆满钵满。所以，要想在新市场中成功打造爆款，想要在日后有所收获，那么就要尽可能抢先一步去尝试。

拿电商来讲。在之前几年，淘宝生意明显好做很多，因为那时候这个还属于一个新兴行业，很多卖家都淘到了人生的第一桶金。然而随着卖家的不断进驻，生意变得越来越难做，只有以不断投入广告、注入资金为代价，才可能被买家搜索到。然而，现在还有人挤得头破血流想要入驻，却很难实现早些年生意络绎不绝的辉煌景象，甚至有的店铺在开张没几天就迫于销售压力而不得不“关门大吉”了。所以我们在尝试新鲜事物的时候，还是要趁早，所谓“先下手为强，后下手遭殃”就是这个道理。产品和品牌想要发展为更有持久战斗力的爆款，就必须逼自己成为第一个吃螃蟹的人。

2.抢空位：从市场空位出发，创立一个新的品类

打造爆款最省力的一个办法就是从市场空位出发，你可以放开手脚去研发和设计你的产品。

很多事实告诉我们：“第一”胜过“更好”。著名的竞争战略专家迈克尔·波特从大量实践中总结出了的《竞争战略》和《蓝海战略》更是明确地在告诉我们，要想在竞争中求胜，不要只顾打败对手。要在未来赢得

胜利，企业必须停止竞争，开辟蓝海，进入无竞争领域。

虎口夺食是很难的，然而如果能开辟蓝海市场，就能够首先独享整个市场，那么你的产品就是爆款。

3.抢速度：快速占领消费者的心

新产品要想快速抢占市场先机，仅仅做第一个吃螃蟹的人是远远不够的，还需要快速占领消费者的心。因为新产品在刚进入市场之后，其知名度还是不够的，要想让消费者在短时间内认识产品并对产品形成一定的记忆，能够快速接受新产品，占领消费者心是至关重要的。

关注消费者的买点，从消费者的买点出发，为消费者打造能够满足其需求的产品，自然你所打造的产品能够在其心中占有至关重要的位置，从根本上将你提升产品的"爆款"地位。

第二部分

爆款运营流程：打造“杀手级”爆款的玄机

05 第五章

爆款定位：用差异化占领用户心智

企业和人一样，都喜欢争“面子”。对企业而言，能够将产品打造为市场同类产品中的爆款并不算什么，但如果能够打造别人无法超越的顶级爆款，并且能够占领市场空位，这才叫真的“有面子”。但是顶层爆款的定位首先得源于用户“痛点”，从用户“痛点”出发，用差异化占领市场。

爆款定位的三个维度

不是任何产品都能成为爆款的。你所打造的产品，不但要设计出色，品质过硬，而且产品的各个细节要做到尽善尽美，然而，无论你如何将你的产品打造的更加完美，最终的目的就是想要向客户传递出超强的价值感。要想让你的产品成为其他品牌产品中最能引人注目的爆款，首先就需要给爆款定位。

优秀到极致的爆款，意味着可以解决用户的某些需求点，满足用户“痛点”的同时，能够拥有足够大的市场容量，利润绝对值和利润率都较高，可以满足运营的需求。回归到产品本身来讲，一个优秀的爆款也意味着可以和其他企业的产品形成明显的区隔。

具体来讲，给爆款定位有以下三个维度：

给爆款定位的三个维度

1.产品定位

产品的最终归宿就是用户，通过对用户需求进行研究挖掘出用户“痛点”，选择一些“痛点”作为产品定位或者选择更高层次的核心需求作为产品定位，也可以选择垂直角度切入，满足小众群体，从而向大众市场进行扩张，这些方法都可以作为产品定位的方式。

小米就是一个鲜活的例子。在早期的时候，小米推出了一个最新的营销口号“工艺像苹果，手感像奶茶。”一方面，“工艺像苹果”，可以十分形象地将小米产品打入用户的脑海中，这比起说小米4尺寸有多大，厚度有多薄，性能有多好要高明很多。另一方面，“手感像奶茶”给予用户无限的遐想，给人一种奶茶的丝滑感。这种一实一虚的宣传手法不但让用户对小米的机身有一个很好的认识和了解，同时形成了更多的期待，这就是小米的产品定位。

从小米的产品定位方式来看，将推出的心产品与潜在用户已经熟悉和认可的产品用正负相关法关联起来，就可以让用户的脑海中熟记你的新产品。这种方式在产品推广的时候省去很多力气，但是这种方式使用的最佳时期是产品的推广的初期，在日后还是需要更好地塑造属于自己的产品定位，那样你的产品才能在市场中经久不衰。

精准定位永远比埋头苦干去盲目开发要重要得多，如果能迅速抓住用户“痛点”，巧妙运用认知关联，此时想要引起潜在客户注意就是一件非常简单的事情了。

2.人群定位

在打造爆款的过程中，进行人群定位也同样是一项重点工作。打造爆款，找对人很重要。其实，对目标人群定位就像是钓鱼一样，在“钓鱼”的时候，我们要经过以下几个步骤：

（1）明确要钓哪种鱼——找准客户群体。

如果产品的特点正好与客户群体的需求相吻合，那么你的产品就已经瞄准了目标客户他们才是你打造的爆款的“准”客户。

（2）找到鱼的活动区域——客户群体的范围。

不同的客户群体是有不同的特征的，即便是同一客户群体，也会因为各种因素，如性别、年龄等特征不同。企业要找准客户，需要做详细的分析，包括性别、年龄、社会阶层、兴趣爱好等，这可以有效节省宣传成本，达到事半功倍的效果。

（3）发现鱼的性格爱好——挖掘客户的爱好。

分析客户的爱好，目的是为了能够做有针对性的宣传。对症下药，才能收到更好的宣传效果。

（4）筛选鱼——细分客户群体。

当你抛下鱼饵的那一刹那，前来抢食的鱼儿不在少数，那么如何才能捞到我们需要的鱼呢？这时候，我们要做的就是漏小鱼，捞大鱼。

并不是所有的消费者都具有相同消费能力，那些高端客户群体必然有较高的消费能力，因此，可以细分出大客户群体中的高端客户群体，制定出一个更加合适的高端客户群体的价格。千万不要想着能够把所有的客户群体的生意都做了，要知道贪多未必是好事，只有抓住细分才能实现精准，才更加有利于后期爆款的推广。

3.价格定位

产品并不是价格越低越好卖，价格太低，会让企业难以维持，一定需要制定一个合适的价位才能让你的产品成为爆款。

所以，最好的办法就是参照市场同类产品的价格和同行的价格，再结合经营情况来定位。

所以，价位只是一个潜在的外表，而产品品质才是内在美。有足够好的产品品质的爆款可以高于同行价格，但要掌握一个度。

聆听用户的心声，找到用户的“痛点”

在经济市场中，没有任何产品敢自称是完美的代表，很多产品都是在认真聆听用户心声之后再经过一轮轮迭代，在能够解决用户“痛点”的基础上形成的，这样的产品才可以说是行业中的爆款。

回顾过去，企业靠注册商标、打造形象、投点广告、做次促销等手段就能够将产品打造为具有影响力的品牌。但如今，品牌竞争层次已经完全脱离了原来的低段位，并逐渐从原来的低段位上升为高段位，所以在这种市场形势下，企业要想打造爆款是需要具备一定“功力”的。

进入互联网时代，消费者的消费观念发生了重大的改变，企业更加关注的是如何能让消费者更快地关注自己的产品，如何让消费者在自己的产品上多一点驻足时间，如何让消费者快速做出购买决定。基于这些问题，产品的特点就是关键。消费者在购买产品时，往往带着一种急切解决“痛点”需求的浮躁，他们已经不像以前那样愿意花很多时间来了解产品。所以，针对消费者的这一特点，企业产品应当想方设法直接地击中消费者的“痛点”需求。

所以，挖掘用户“痛点”是企业打造顶级爆款的必备功课，只有这样才能让企业对产品进行更多的改进和完善，才能让用户需求得到更好解决。

如果消费者“痛点”对于消费者决策产生极大的影响，那么用户“痛点”则对用户产生二次消费产生重大影响。所以，产品打动消费者的只是入口，能够持续打动用户“痛点”的产品才能产生用户黏性。而用户的愤怒级“痛点”才是能够真正让用户产生持续粘性的关键。

举个简单的例子，以前，我们在使用电池的时候往往会遇到这样的尴尬情况：在使用的过程中，在毫无任何预知的情况下，电池的电量就耗尽了。于是引起很多人的遗憾：“为什么电池的使用时间不能再持久些呢？”面对这样的尴尬，面对这样的遗憾，南孚推出了一节更比六节强的爆款电池。这样，一枚小小的电池化解了用户的尴尬和遗憾，而南孚也因此成为了电池行业中的爆款。

产品的不完美，终会有让用户在使用过程中产生遗憾，作为企业首先就要学会聆听用户的心声。

聆听用户的心声的方法

1.在用户体验中聆听用户的心声

设计一定的用户体验，让用户在产品体验的过程中说出自己的“痛点”，是聆听用户心声的一种有效方式。

（1）感官体验。

感官体验对消费者的重要性不言而喻，我们可以从感官体验直接聆听用户的反馈。

（2）情感体验。

情感体验挖掘就是通过触动消费者的内心的情感出发，让消费者在情感体验中说出自己的心声，从他们的心声中挖掘情感“痛点”，比如价格、服务、广告、促销方式等。实际上，很多时候消费者产生购买行为不仅仅是购买产品或服务，更多的是一种美好的情感体验。

2.在产品使用评价中聆听用户的心声

用户在使用产品之后最有发言权，他们更加了解产品，更加明白现有产品在那些方面没有满足其“痛点”。很多时候，他们会将自己的“痛点”写在使用评价中，企业也可以通过查看用户评论的方式去聆听用户的心声。

淘宝、京东等电商平台都有用户评价一栏，用户可以在使用产品之后对产品进行评价，也有人写出自己的使用心得，或者是产品在哪些方面有欠缺，哪些方面让其在使用过程中感到遗憾。用户的评价中有很多信息对企业挖掘用户“痛点”非常有用。

3.利用社交媒体聆听用户的心声

社交媒体上聚集了很多用户，用户与用户交流的过程中往往会产生大量信息，从这些信息中往往可以挖掘很多非常真实的用户“痛点”。所以，加入一些与相关产品有关的社交媒体群，可以从中挖据用户“痛点”。

找准“风口”，
距离爆款只有一步之遥

“风来了，猪都能飞起来”这是商场中经常听到的一句话，很多人说要站在“风口”上，很多人说要顺势而为，找准时机比努力更重要，如果能够找准“风口”，所打造的产品距离爆款也就只有一步之遥。如何去识别和找准“风口”？

事实上，每个时代，随着科技浪潮的发展，人们心态的变化，人们的需求与现实之间就会出现空白区，需要新的产品或者既有产品的升级产品来填补，在填补的过程中就会出现爆款。

举个简单的例子，在互联网出现之后，一种全新的普遍关系就建立了起来，人与人、人与信息、人与物。在这三个全新的领域中，就会出现新的机会，比如以Facebook为代表的SNS、以Google为代表的检索、以Amazon为代表的电商，它们抢占了空白区域，迅速成为了市场中的爆款。

所以，企业要想在市场中快速站稳脚跟，要想长足发展，就必须能够找准时下的“风口”，这样生产的产品才会快速打入市场，成为行业中的爆款，实现跑马圈地的梦想。那么如何才能找准“风口”呢？

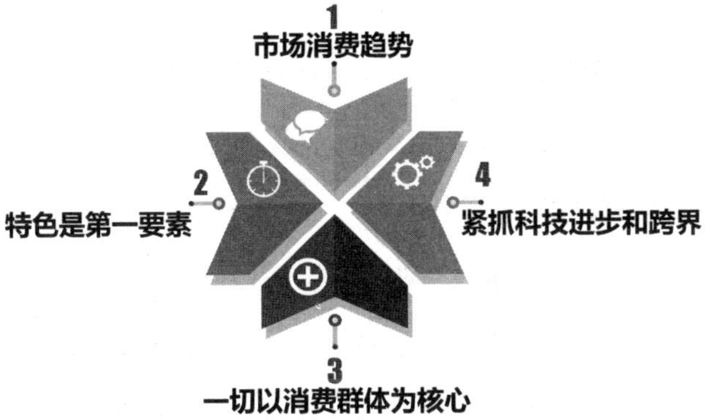

找准“风口”打造爆款的方法

1.市场消费趋势

每一个行业都有各自的特点，要具有敏锐、长远的目光，能够看清市场消费的大势所趋。特别需要注意，那些火爆周期较短、市场很快就出现萎缩的产品项目一定不要盲目跟风。

另外，需要考察的是当前的“风口”是否能够顺应当下经济发展和人们的消费需求，是否能跟得上人们生活水平的发展。

2.特色是第一要素

“风口”就像现在的“网红”一样，“红”就必须“红”出自己的特色。比如互联网的特色就是短平快；直播的特色就是新潮、O2O的特色就是一种线上线下连接起来的懒人经济等。所以，无论你想要打造什么样的爆款，都需要找准“风口”，这样能够让爆款一炮而红。

没有特色就很难成为人们所追逐的热点，很难被推崇为“风口”，打造出来的产品也很难以特色示人，没有了亮点的产品是很难成为爆款的。

3.一切以消费群体为核心

现在很多人在选择产品项目的时候容易陷入以自我为中心的陷阱中，但如果一切以自我目标为基础，那么你的产品是很难拥有强大的消费群体。所以，一切以消费者为核心，才能找到“风口”，打造出更加符合消费者需求的爆款。

4.紧抓科技进步和跨界

任何一种科技进步都会给企业带来数不清的商机，比如互联网。企业在借助互联网“风口”打造爆款的时候，可以借助技术创新打造爆款。纵观人类发展史我们不难发现，几乎每一种新兴技术的形成和发展都是技术创新的结果，新技术推动了产业变革以及产品的替代，在这种情况下，就出现了更加能够满足消费者需求的爆款产品。

比如VR（虚拟现实）技术。2016是VR“元年”，进入2017年VR发展更快，不论是国际厂商还是国内大量涌现的新兴企业，都将进军VR的号角吹得格外响亮。三大国际VR厂商HTC、ocu-lus、索尼的PlayStation VR在高端VR市场中抢占用户；国家大量的VR创业公司依靠性价比优势从中低端市场分一杯羹；不少资本也在进入VR市场，开展VR+行业布局……

显然，VR技术已经成为市场发展的下一“风口”，各家都期望能打造出脱颖而出的爆款。

在这个爆款时代，谁先找准“风口”，谁就能距离爆款只有一步之遥，谁就能在第一时间成为市场霸主。

打造爆款就是
打造差异化

当今，市场生存优胜劣汰如何打造爆款，如何实现突围，便是企业需要解决的关键问题。

对于这一问题，最好的答案就是构造爆款的差异化。因为，当前小至淘宝店铺，大至整个商圈，无论是中小型卖家还是大型企业都有不少在同质化严重的窘境中以血的代价退出了历史舞台。

那么如何构造爆款的差异化呢？

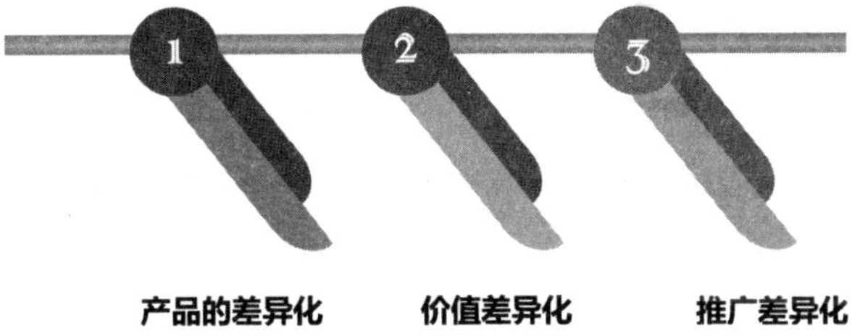

通过差异化打造爆款的方式

1.产品的差异化

做产品的差异化，不同的类目，方法有所不同。通常，打造产品的差异化可以从产品特点、产品性能、产品设计和制造中的技术含量、原材料的品质、员工的技术和经验水准等几方面来进行。

随着手机市场目前的竞争愈演愈烈，唯一的办法就是走产品的差异化路线。因此，很多国产手机在手机的独特设计方面下了很大功夫，采取了从机型、铃声等产品边缘突破的方式来赢得市场。

2.价值差异化

竞争战略之父迈克尔·波特这样说过：“一个企业，不是简单的给出一个低价，如果能向买家提供有价值的独特性，那么它就和竞争对手形成了差异化。一旦你的差异化努力能为你的产品和服务带来更高的售价，那么你就拥有一个差异化竞争优势了。”波特的这番话意味深长地道出了价值差异化在塑造爆款竞争力过程中的重要性。

举个简单的例子。如果你卖的产品是PU女包，如果你在产品宣传中明确告知买家“买女包送手拿包”，通过赠品的附加价值就可以很好地吸引客户，有效提升了产品的价值差异化。

当然，在价值差异化中，特别需要注意的是你所提出的价值要完全符合客户购买产品时潜意识中对产品价值的期望，简单来讲就是需要吻合客户的价值需求。能够满足甚至低于客户价值预期的产品才更容易吸引客户，才更容易将产品打造为同类中的爆款。

3.推广差异化

如果一味地采取“拿来主义”照猫画虎，把别人的推广模式搬来就用，很难收效。因此，你在进行产品推广的时候，一定要提出一套具有差异化的新型推广方式，最好能够创造显著的利润、保持长久的竞争力，这是能否成功吸引消费者注意力，进而提升爆款销量的关键。

实现推广差异性，主要是从以下三个方面实现：

（1）产品所面对的终端客户在哪里？

（2）客户寻找产品的习惯是什么？

（3）客户喜欢什么样的商家？

凡事必须从本质入手，找到核心问题并能够提出解决问题的方案，推广起来在时间、精力、财力上才能花费最小，获得效益最大。

提炼产品卖点，牢牢抓住用户

科技的进步，生产效率的提高，使得同质化的产品越积越多，所以，把产品卖点提炼出来，用卖点牢牢抓住用户，才能打造爆款。

卖点体现的是产品有别于其他同类产品的优势、特色以及能给客户带来的好处。所以，卖点越多，在市场中则越有竞争力，越容易被打造成爆款。

那么从哪些方面可以很好地提炼产品卖点呢？

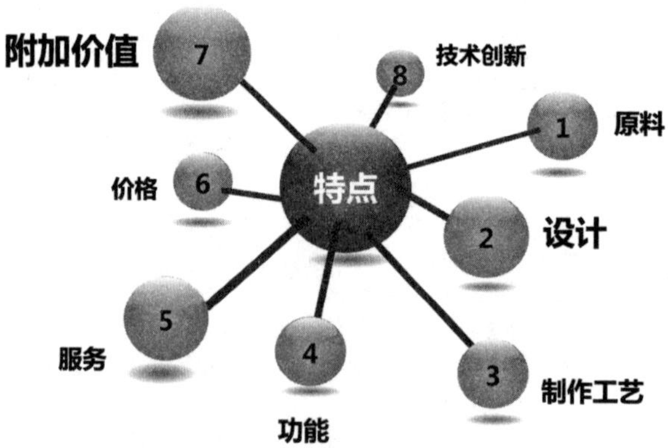

提炼产品卖点的几个方面

卖点一：原料

原材料是构成产品的基础，好的原料才有好的产品，才能让客户买得放心，用得安心。所以，产品原料可以作为很好的卖点。

哈根达斯可谓是冰激凌界的“皇后”，为了突出自己的卖点，哈根达斯宣传自己的冰激凌原料取自世界各地顶级原料。如来自马达加斯加的香草代表着无尽的思念和爱慕；比利时纯真香浓巧克力象征热恋中的甜蜜和力量；波兰的红色草莓代表着嫉妒与考验；巴西的咖啡则是幽默与宠爱的化身，这些都是100%的天然原料。“爱我，就请我吃哈根达斯。”这句经典的广告语自1996年哈根达斯进入中国，就席卷了各大城市。一时间，哈根达斯成为了城市小资们的时尚食品。也正是由此，奠定了哈根达斯在冰激凌界的爆款地位。

卖点二：设计

消费者选购产品，包装设计若能吸引消费者的目光，他们会愿意为你的产品驻足并埋单。

苹果公司的产品向来是以设计取胜，随着imac台式电脑、ipod音乐播放器、iphone手机、ipad上网本产品的诞生，一件件让消费者感觉耳目一新的产品冲击着用户的视觉和心理防线，将苹果的产品一步步提升到了时尚与品位的领头军。

时下最热的iwatch手表可谓是手表界的先锋，它将充满青春活力的城市年轻人作为目标市场。以一句“你的第二块手表”的广告词表达了诉求，强调了它可以以配饰的方式带着年轻人走在时尚潮流的最前列，这种新潮和时尚及时在时间的冲刷下也永不过时。

iwatch手表

iwatch的设计是非常讲究的，融新奇、时尚、有趣、前卫于一体，成为颇具创意的手表产品，赢得了“潮流先锋”的美誉。并且苹果公司还不断推出新款，为每一款手表都赋予了别出心裁的名字。在生产5个月之后，苹果公司就停止生产iwatch。然而，如此色彩鲜艳的个性化时尚产品却因为停产引起了一波疯狂的收藏热，甚至有的博物馆都开始收藏，有的拍卖行还对某些短缺版进行拍卖。

卖点三：制作工艺

消费者购买产品时，制作工艺是否精良、考究，是消费者对产品品质好坏衡量的一个关键标准。如果能够向消费者展示优质的制作工艺，这也是产品的卖点。

卖点四：功能

新品进入市场时，功能往往是最大的亮点。有的产品在设计之初并不一定只有一个功能点，但作为卖点的却只能是独一无二的，因为卖点多了不但不能打动消费者，反而容易失去焦点，所以，需要从中提炼出一个最核心、最能打动消费者的卖点。

以洗发水为例。市场中洗发水品牌数量繁多，然而你会发现，不同的洗发水却打了不同的广告语，并在广告语中表明了自己的卖点：

霸王洗发水：霸王去屑、防脱。

海飞丝洗发水：头屑去无踪，秀发更出众。

飘柔洗发水：洗护二合一，让头发飘逸柔顺。

沙宣洗发水：我们的光彩来自你的风采。

飘影洗发水：植物精华，绿色护发。

所有这些广告词都体现了自己更加鲜明的功能点，所以能够成为占据消费者心智、耳熟能详的爆款。

卖点五：服务

服务也可以作为卖点，如服务承诺、服务差异化、个性化服务、衍生服务这些都可以作为卖点进行提炼。

如淘宝店铺经常会给消费者这样的黄金承诺：

“七日内不满意免费退换货”“我们慎重承诺假一赔命”“完善售前售中售后服务保障”等。

卖点六：价格

价格是影响消费者决策的重要因素，透明化或者可比性较强的产品以价格作为卖点，在很大程度上能够杀出一条血路，成为爆款。

瓜子二手车的卖点就是“没有中间商赚差价”，这就表明车主可以花更低的价格买到质量相同的车。

卖点七：附加价值

消费者的购买需求是逐步升级的，在这个产品信息透明化的时代，他们越来越倾向于关注产品的品质、品位、情感因素等，谁的产品附加价值越高，越能为其带来增值和利润。

附加价值往往是为客户提供的意想不到的、超乎预期的产品和服务，这对于很多同类产品而言，的确是一个可以很好的激起客户购买欲望的闪亮卖点。如果能明确提炼并告知客户产品的附加价值，客户必将为这种出乎意料的惊喜而感动。

卖点八：技术创新

如今，很多产品都被赋予了黑科技，具有黑科技的产品往往更能勾起消费者的好奇心，并希望能够得到这样的产品而一探究竟，可见，黑科技完全可以作为产品的卖点进行提炼，这种卖点可以深入到客户的心智中，提高消费者购买的动力。

第六章 06 创意设计：推出有生命力的爆款产品

将普通产品升华为爆款，是一个需要花费时间和精力去进行雕琢的过程。仅仅在产品品质上进行提升的产品并不能成为真正意义上的“爆款”，然而赋予产品生命力，让产品从一个冰冷的“死物”逐渐焕发出惊人的活力和魅力，这样的产品才是人人疯抢的爆款。

重新设计概念，在变化的时代中打造爆款

如今是一个日新月异的时代，因为时代的变化，创新产品、情感化产品必将成为市场中的宠儿，爆款也从中诞生，成为炙手可热的焦点产品。

这里举个简单的例子。在原始的农耕时代，牛车成为当时人们耕种的刚需。进入工业时代，汽车的出现为人类的出行提供了很大的便利，此时我国以桑塔纳、红旗轿车为首的汽车工业进入大规模、标准化批量生产的时代。随着时代的不断推进，更多的人对汽车提出了更高的需求，很多人选择开车出行或打车。此时，便诞生了一个全新的概念——出租车，消费者不需要购买，只需要花费一定的租金就可以开着出租车到任何自己想去的地方，从买车—出租车—Uber或滴滴出行，使我们的出行变得更加便捷。

实际上，牛车—汽车—出租车—Uber或滴滴出行等平台，每一次演变都是一次设计理念的跳跃；每一款爆款的打造，都是一次设计概念的升

华。在不同的时代，赋予了爆款不同的定义，在变化中设计和打造出来的产品才能更加迎合消费者的需求，成为名副其实的爆款。

如今是信息时代，被尊重和自我价值的实现是今天产品的顶配。在信息化时代，产品更多强调的是产品的情感化思维，强调产品的大数据思维，强调产品的体验思维，这是时代变化的需要。

先看一个例子。美国一家名叫Honeywell的科技公司打造一款能够解决雾霾问题的家用空气净化器。在着手打造这款净化器之前，这家公司对15个城市的用户进行了为其三个月的深度研究和分析，并通过建立数据库的方式对用户的各种行为进行分析。

在对用户行为分析的过程中，这家公司会抓住用户的第一大“痛点”——空气净化器换滤管难的问题。很多用户在使用过程中，根本不知道如何换滤管，不知道滤管应当往哪里插。特别是一些女性用户，她们往往会认为这样的工作会给她们带来极大的麻烦，而男性用户基本不耐烦地去帮助她们。

面对这样的问题，Honeywell设计了一款App，只要空气净化器中有颗粒堵塞了滤管，App就会自动提醒用户去更换，只要点击一键购买，就可以快速下单。在插滤管的时候，整个设计也非常的人性化，为了不让用户插错，只要将两条斜纹的彩条拼在一起就插对了，这样给很多女性用户带来了极大的便利，让她们感觉Honeywell的空气净化器比其他品牌的要方便很多。

另外，传统的空气净化器有一个小小的缺点，就是在夜深人静的时候往往会发出声响，影响用户睡眠。为了解决这一问题，给用户带来更好的使用体验，Honeywell对整个产品的结构和风道进行了重新改良，采用全新的设计并进行了检测之后才将产品投入市场。经过市场反馈，这款产品的所有设计和体验都是同行业中的冠军。

从以上Honeywell全心全意设计和打造的家用空气净化器的过程中，我们不难发现：在不断变化的时代，重新定义设计就应当从体验思维、情感化思维和大数据思维入手，打造更具时代感的爆款。

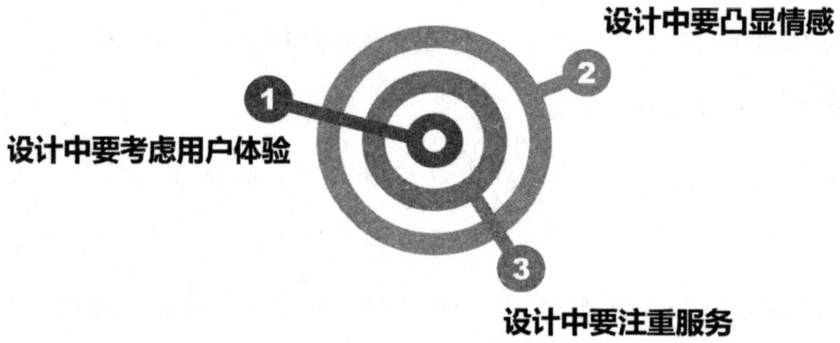

爆款的设计原则

1.设计中要考虑用户体验

无论时代如何发展，在设计爆款的时候，关键是要“懂用户”。在今天，不懂用户，在市场中是完全没有“活路”的。

如今，建立在用户体验基础上的爆款设计更多强调的是在展示产品性能的同时，能够最大限度地满足用户的“痛点”需求。

2.设计中要凸显情感

如今，人与人之间的情感变得越来越冷漠，所以人们需要更多的情感关怀。如果在产品设计中融入情感，那么将为冰冷的产品赋予更多的温度和情怀，让产品能够更好地满足消费者的情感需求，进而受到更多的人的青睐，这样的产品势必成为同类产品中的爆款。

通常，插线板是让家长最不放心的危险品，为了解决这样的担心，一款叫作布叮防水防触电的智能插座诞生了。传统的电插座为了安全起见，往往会配有安全保护阀，并且在用料方面都采用更为安全、阻燃的材质，但是这款防水防触电的智能插座则更有其出众之处，那就是该产品具有很强的防水功能，能杜绝家庭安全隐患。

3.设计中要注重服务

用户购买产品的同时，也是在购买服务。如果能为产品设计一些更具人性化的服务，那么产品一炮而红的几率则更大。例如一件手机产品的售后服务，从手机坏了预约、维修、买单、满意离开，整个环节都能在实体体验店完成，使得一个手机维修店变身成为了一个用户进店之后并不感觉自己是来维修手机，而是在享受另外一种被呵护、被关怀的服务，可以吃点心、看杂志、和技术大咖聊怎么用手机。这些对于消费者而言，是一种全身心的放松体验。

总之，时代在变，产品概念也需要有所提升，能够吻合消费者需求而设计出来的产品才更容易成为爆款。

“草根”参与设计，让爆款产品更具生命力

产品必须以消费者为中心，才能更具生命力，由此诞生了。智力众筹，即大众参与定制、参与互动，由商家完善一个全新的产品。这样，这个在“草根”合力参与基础上诞生的产品从设计到定制、到开发、到销售，整个过程这些“草根”既是产品的消费者又是设计者，从而形成一个共赢的局面：

一方面，“草根”自己参与产品的设计与研发，在最大限度满足对产品使用需求的同时，带来了更加舒心的极致体验。实际上，融入了“草根”参与设计的产品无异于定制。

另一方面，几近定制的产品自然深受“草根”们的喜爱，自然销量会大幅提升，给企业带来更多、更好的效益。

那么如何才能吸引“草根”参与爆款的设计呢？

1.用走心的活动吸引草根参与

对于企业来讲，如何能吸引“草根”参与到爆款的设计当中是一件非常重要的事情，而情感投资则是一种最廉价最能“煽情”的方式，只有从

情感入手，才更容易与“草根”建立起情感纽带，可以起到事半功倍的效果。所以，企业必须在设计活动的时候加深“草根”对企业和产品的情感归属，这才是打造爆款的关键点。

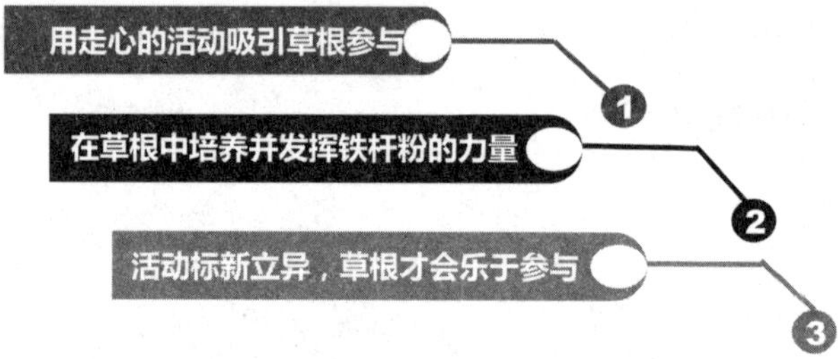

吸引“草根”参与爆款设计的方法

2.在“草根”中培养并发挥“铁粉”的力量

只有企业和消费者能玩在一起，成为真正的朋友，才能有效激发消费者提供更加具有创新性的产品设计建议，让企业创造爆款。

小米科技是一家非常注重“参与感”的企业，运用互联网时代的“粉丝”经济学来提高用户的参与氛围，从整个研发到生产到销售的过程中都有用户参与进来。

有一次，当雷军在微博上刚宣布小米将要有新玩具发布，很多人就积极参与进来，充分发挥自己的聪明才智来设计这款即将发布的新玩具。有YY成水瓶的，有YY成手电筒的，甚至还有人将小米路由器PS成小米豆浆机的。用户用自己的热情设计出很多让人意想不到的产品，并且将这些新奇的产品主动传播出去。真正的产品还没有上线，口碑已经在广大发烧友中传播开来。

3.活动标新立异，草根才会乐于参与

当前有一种现象：虽然企业举办活动非常卖力，但不能很好吸引“草根”积极参与互动，因为同质化的活动方式让“草根”们产生了“疲态”，最终导致活动人气不够高、效果不够好。

所以，企业要想吸引“草根”乐于参与爆款设计活动，就需要想方设法让活动标新立异，让“草根”消费者眼前一亮，提高他们参与爆款设计的兴趣和积极性。

能够将自己的头像和语录印在酒瓶包装上成为自己的专属产品，这对于消费者来讲无疑是一件非常新奇的体验。江小白就能够抓住广大年轻消费者的这种追求个性化的心理，在广大消费者中征集大家认为很有哲理性的话或一些自己想要对别人说的话，并附带与自己的头像一起印到酒瓶包装上，从而制作成定制的“语录瓶”“表白瓶”。

俗话说：“艺术源于生活，高于生活”，因此，我们也可以说“爆款源于平凡，却高于平凡”。的确，这种基于草根参与设计的爆款更具生命力。

有“颜值”有创意的产品更火爆

消费者在购买产品的时候往往会被有“颜值”有创意感的商品吸引，所以，往往那些既有“颜值”，又有非常有创意的产品更受消费者的喜爱，很多企业开始走“颜值+创意”路线来设计产品，以期成为同类产品中的爆款。

创造了一个“可以啃的杯子”，可谓是在“颜值”和创意两方面下足了功夫。该店推出了一款让牛奶和饼干绑定在一起的甜食，换句话说就是将饼干制作成各种形状的杯子，里边倒入牛奶，可以边吃边喝。这家甜品店还给这种创意甜品起了一个非常有意思的名字，叫做The dirty cookie。言外之意就是：“你要像喝威士忌一样，仰头干了这杯食物。”这一甜点的推出，很快在互联网上引起了热议。如果想要预订版，可以住在杯子上做出一些蝙蝠侠、超人、金刚之类的卡通形象。这款杯子除了让很多人乐意晒图以外，还更多的是想赶快尝到这款“杯子”的味道。

The dirty cookie的这款有“颜值”，有创意的美味杯子让人无法抗拒，成为了广大消费者心中的爆款。那么企业如何进行产品设计，让你所打造的爆款“颜值”和创意兼具呢？

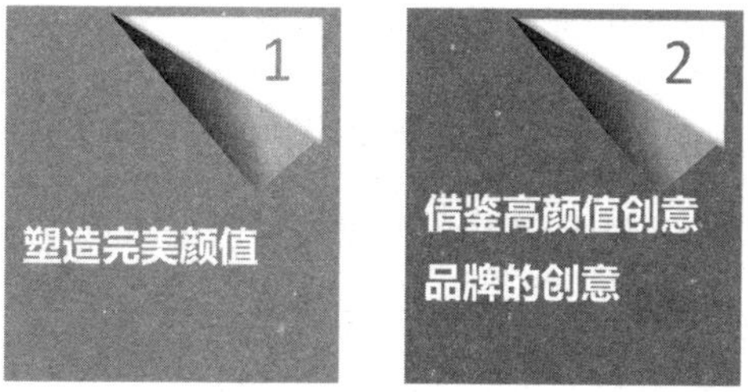

设计高颜值爆款产品的方法

1.塑造完美颜值

快消时代，产品包装和外观设计既要求能够有足够的美感，又要求能够拥有足够吸睛的创意。试想一下，那些设计极具魔性的“高颜值”“呆萌”产品，谁又能不心动呢？

当前，很多爆款的成功在很大程度上是因为走了“颜值”路线，从产品设计开始就一直注重“颜值”的表达和传递，从外观特征做起，塑造自己产品的完美形象。

比如农夫山泉的高水平设计在国内首屈一指，受到了不少人的赞美。

农夫山泉学生水的瓶身设计是专门邀请英国著名插画师回执的一组标签，内容分别展现了长白山在一年四季当中不同的景象，在自然风情中充满了童真。

而农夫山泉婴儿水则在外观设计上更加标新立异，婴儿水瓶身上的楞线针对父母手型大小不同，将瓶身分割为两个部分，比较窄的部分是专供妈妈使用，而比较宽的部分则是专为爸爸设计。这两种不同的瓶身分割完全强调了用户体验，从人机工程学角度而构思，更多地强调了了充满了理性的人性化设计。

农夫山泉高端水更是追求瓶身设计的精美，该款瓶身设计完全体现出一种生态文化理念，让自然元素栩栩如生地呈现在消费者面前，体现出对大自然的回归。另外，瓶身塑造成水滴的形态，曲线优美流畅。

农夫山泉以上三种经典设计让很多人爱不释手，除了让农夫山泉在拥有完美的“颜值”之外更具创意。

2.借鉴高颜值创意品牌的创意

产品设计走“高颜值+创意”路线的另一个方法就是借鉴其他高颜值创意品牌的创意，这种方法能够借助已有大品牌的知名度来提升自身的价值属性。

举个简单的例子，微软是世界知名的PC软件开发的先导，是目前全球最大的电脑软件提供商，因此，几乎所有的电脑制造厂商在生产自己产品的时候往往都喜欢以微软的软件配置来吸睛，增加自己在消费者心中的技术含量。

随着消费者的审美水平不断提高，对产品的设计创意也提高了标准，所以能够拥有“高颜值”的产品也增加了成为爆款的可能。

个性化包装设计——有个性者赢天下

一件产品想要成为爆款，不但需要高品质，包装设计也很重要。因为产品包装是消费者对产品最直接的视觉体验，是产品个性的直接和主要传递者。能够准确定位消费者“痛点”、符合消费者心理的产品包装设计，可以很大程度上帮助企业在众多的竞品中脱颖而出，使产品能够在市场中一炮打响。

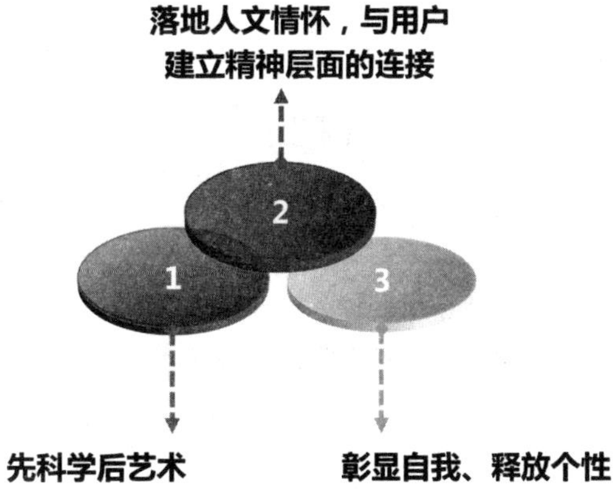

个性化包装设计的“落地”方法

1.先科学后艺术

爱美之心人皆有之，美观是所有消费者对产品的共同要求，包装设计必须在满足功能的前提下更加生动、完美，才能激起消费者的购买欲望。

然而，包装设计的目的就是为了保护产品，能够将科学的、社会的、艺术的、心理的诸多要素综合起来进行一一体现。因此，产品的包装设计不但要给人强有力的视觉冲击，更重要的是要具有科学性。先科学后艺术，在保证产品包装功能的前提下实现的精美设计才能达到包装的目的。产品包装的设计，在科学层面上，一定要符合人们日常生活、生产的需求，绝对不能是华而不实的形式主义产物，不是单纯的对产品进行“装潢”，否则也就失去了产品包装原本的意义。

举个简单的例子，如果为同一件产品设计了两种包装盒，一种是普通的盒子，另一种在盒子上附加设计了两根手提绳，相比这两种包装，想必几乎所有的消费者都会选择购买后一款。

虽然多了两根手提袋，却更多地体现出了科学性，给消费者带来了很多便利，能够让消费者获得更加舒适、轻松的购物体验。如果能满足包装设计的科学性，再在此基础上为包装盒带来更多的艺术气息，那么这款手提袋包装产品必定大卖。

2.“落地”人文情怀，与用户建立精神层面的连接

有情怀的包装设计，其表现形式和体现程度对消费者心理和购买决策具有十分重要的影响。包装设计融入人文情怀，与用户建立精神层面的连接，可以给你的产品加分，才更容易将产品打造成爆款。

哆啦A梦儿童洗发水和沐浴露的使用对象是儿童，但是其消费主力军却是家庭主妇以及学生。仅从哆啦A梦生动活泼的外包装设计上，消费者就能感觉到满满的童趣。对80后来讲，一部“哆啦A梦”的动画片陪伴了他们的成长，这使得“哆啦A梦”洗发水和沐浴露让很多80后在看到时，就忍不住会多驻足一会儿，多看几眼。不可否认，在包装设计上使用这一手“童真情怀”，足以使哆啦A梦产品成为爆款。

哆啦A梦洗发水与淋浴露包装

3.彰显自我、释放个性

产品的包装是最直接的广告，要想在形形色色的产品中能够出类拔萃，那么包装设计一定要有自己的亮点。好的包装设计不但能够懂得把产品、创意与实用性相结合，而且还而已通过与众不同的包装彰显自我、释放个性。拥有这样的包装，产品已经超越了其商品的本质，而是一种更加充满美妙和活力的艺术品，成为同类产品中的爆款。可以说，能够彰显自我、释放个性的包装设计可以为你所打造的爆款代言。

有一种意大利面，其外包装造型独特，堪称一流。这款意大利面包装上有一张女郎的脸，而女郎的头发则是采用镂空的手法，用不同形状的意大利面装饰而成。它的包装盒底色是十分干净的白色，更加衬托出金发女良的光彩照人。盒的形状有两种，一种是直形的长盒，里面装的是长形的意大利面，展现的是妩媚动人的执法女郎形象。另外一种盒子的形状是方形的，里面装的是弯曲的意大利面，呈现的是一种别样的异域风情卷发女郎形象。如此个性的产品和包装盒搭配，更是购买者在选购时彰显自我、展现个人喜好的意见艺术品。

总而言之，产品包装富有个性化十足的设计，是标榜产品调性的一种手段，更是成就爆款、赢得天下的一个不错的方法。

07 第七章 品牌引爆：让爆款实现超越

如今，市场中同类产品泛滥，“同质化”成为了这个时代所有产品的显著特征。如果企业无法从同质产品中突围，产品的价值也就无从体现。企业要想做出别人无法比拟的爆款，是需要下足功夫才能实现的。

好的品牌故事
需要一个有生命力的“好剧本”

著名营销大师菲利普·科特勒认为：“讲述一个与品牌理念相契合的故事，可以很好地吸引目标消费者，在消费者感受故事情节的过程中，潜移默化地完成了品牌信息在消费者心智中的植入。”换句话说，用讲故事的方式可以很好地博得消费者的好感，从而让消费者记住和认同品牌，成为品牌的忠诚客户。

所以，我们可以说，一个爆款的打造离不开一个好的品牌故事，然而一个好的品牌故事需要一个有生命力的好剧本，这样才能通过故事感染消费者。

所谓“品牌故事”，就是以品牌为核心，对品牌的创立或发展历史进行故事化讲述，将与品牌相关的时代背景、文化内涵、经营理念等进行深度展示。好的品牌故事可以为品牌代言，不仅赋予品牌生命力，更使得品牌形象逐渐丰满化，这又有效提升了品牌附加价值。

那么企业如何才能打造出一个有生命力的“好剧本”，借助品牌故事来打造爆款呢？

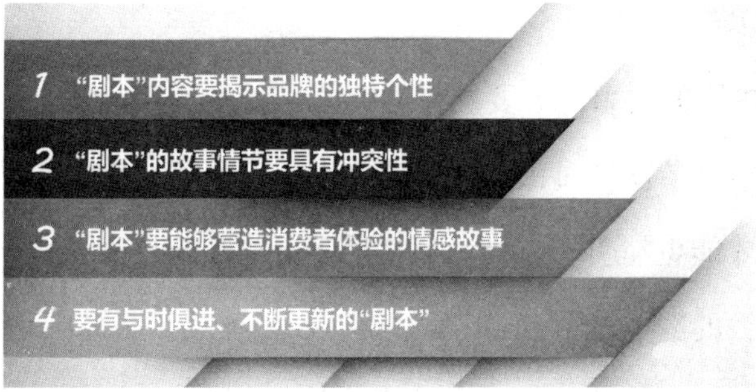

企业打造出一个有生命力的“好剧本”的方法

1.“剧本”内容要揭示品牌的独特个性

褚时健可谓是电商领域的传奇人物。褚时健作为曾经的“烟王”有很高的知名度，历经坎坷之后，在74岁高龄开始承包荒山种植橙子。然而，让人没想到的是，在没有人会看好褚时健这一“疯狂”举动的情况下，褚时健却将橙子生意越做越大。在广大媒体传播、微博大V推荐、名人定制等多种传播方式的造势之后，褚时健的冰糖橙被赋予了“励志橙”的内涵，受到了广大消费者的喜爱和追捧。

褚时健凭借众所周知的励志故事成就了“褚橙”，在继“褚橙”之后，又相继出现了柳传志的“柳桃”、潘石屹的“潘苹果”，这些产品分别被贴上了“良心果”“公益果”的标签，通过讲故事的方式，让原本冷冰冰的水果变得有了温度，有了情感，也正是因此使得这些“励志果”获得了不俗的销售业绩。

无论是褚时健的“褚橙”，还是柳传志的“柳桃”、潘石屹的“潘苹果”，给每位消费者带来的都是积极向上的情感共鸣，所以才让其成为了同行业中的爆款。

2.“剧本”的故事情节要具有冲突性

好的故事情节就像过山车一样有高潮、有低谷，有惊心动魄的冲突和对打，这样才能更加引人入胜。而平淡无奇的品牌故事往往让人乏味，没有继续听下去的欲望。

所以品牌故事情节的好剧本必然是引人入胜，这样才能让消费者有同种产品需求的时候第一时间想起你的产品。

3.“剧本”要能够营造消费者体验的情感故事

当前，一切产品的打造都围绕“体验为王”进行，消费者更加注重的对产品的体验。一个好的“剧本”，能够在品牌故事中讲述一个情感故事，很好地营造一种消费体验氛围。

4.要有与时俱进、不断更新的“剧本”

如今是一个“唯快不破”的时代，如果不能跟上时代的步伐，那么终将被市场淘汰，所以，品牌故事也应当有与时俱进、不断更新的剧本。

品牌故事要注重可持续性，可以围绕一个主题以“连续剧”的形式向广大消费者呈现，这种方式打造的爆款则更具生命力。

打造超级IP，为爆款加冕留住“粉丝”

2017年开年，一部电视剧《三生三世十里桃花》成为大火的IP剧，剧情中讲述了青丘帝姬白浅和九重天太子夜华的三生爱恨、三世纠葛的故事。不仅凭借大IP（即知识产权），还融入了古装言情，让整个剧情如仙幻传奇一般，成为2017年度最具话题的“仙恋题材”，可谓赚足了眼球。

IP剧（指在有一定粉丝数量的国产原创网络小说、游戏、动漫等基础上创作改编而成的影视剧）的出现并不是偶然的，随着互联网时代、移动互联网时代的推进，IP成为当前最流行的一股强大力量。IP剧能够有如此大的吸引力赢得观众的眼球，然而对企业来讲，能够打造超级IP，就无异于为爆款加冕以及留住“粉丝”增添了至有分量的筹码。

这里所说的“IP”究竟是指什么呢？对于企业而言，“IP”实际上就是一个叫座又叫好的招牌，企业能够凭借这一招牌，赢得市场中丰厚的经济利润。简单打个比方，企业IP就好比在烤鸭界拥有金字招牌的“全聚德”一样，只要听到“全聚德”三个字，就会勾起人们想品尝的欲望，也因此能为企业带来巨大的利润和人气。

此外，IP也相当于企业品牌内容。IP相当于品牌内容中的精品，企业如果想要打造超级IP，首先就需要有十分精彩的内容。事实上，企业只要拥有了超级IP，就意味着拥有了巨大的人气和流量，也就会带来超乎想象的销量。这样，企业所生产的产品也就自然成为了竞品中人人追捧的爆款。

既然超级IP拥有如此“神力”，能够为爆款的打造添砖加瓦，那么打造爆款超级IP的秘诀是什么呢？

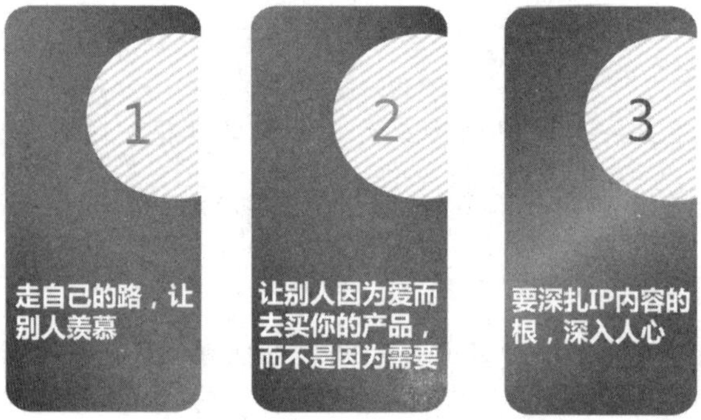

企业打造爆款超级IP的秘诀

1.让消费者因爱购买而不是因为需要

产品品牌IP的打造，并不是像产品包装设计一样简单，而是要从全新的角度去尽最大可能迎合消费者爱上产品。

《花千骨》电视剧热播之后，观众被电视剧中花千骨的爱宠——糖宝所吸引，糖宝可爱、俏皮的灵虫形象十分受观众喜爱。

糖宝造型

有的厂家已经看到了“糖宝”大好的市场前景，于是衍生开发出了“糖宝发声玩具”。这一玩具一上市，就让一些影迷们争相抢购，“糖宝发声玩具”一跃登上了玩具爆款的“宝座”。

2.走自己的路

好的IP就是要有独一无二的定位和内涵，才能展现品牌价值。

所以，在IP植入品牌产品的时候，一定要注重走个性化路线，这样才能吸引超高的人气。

3.内容为王，深入人心

一个强大的IP，必定会以正向的世界观作为核心，可以聚集大量忠实“粉丝”，具有较强的穿透力、延展性，随着时间的推移创造的价值会越积越多。

因此不深扎IP内容的根，生产出来的产品也就不能在广大受众中形成温度感和参与感。所谓的品牌魅力，并不是那些高大上之类的东西，而是能够真实表达的内容。这种率真的表达可以是自信的，也可以是脱俗的，但是无论所表达的内容是什么，重要的在于真实。很多时候，这种IP内容所表达的是广大受众的情感映射，是受众心声的真实流露，同时也能够与受众产生共鸣。基于这种IP内容所打造的产品更能够让产品深入人心，成为爆款。

构建用户社群，引爆“粉丝”能量，让爆款从产品中突围

根据调查数据显示，很多中小型企业在产品刚上线不久就“死在了襁褓里”。因为它们为了打造爆款产品投入和产出比严重失衡，面对这样的困境，很多中小型企业在思考：如何能够让自己的产品在市场中长期“存活”？如何让企业自身实现持续的经济增长？

要想解决这个问题，首先就应当回归“爆款”的定义。爆款就是指具有超高人气、销量的产品。基于这两点，才是人气、销量。

产生巨大销量，是需要超高人气才能实现的。谈及“人气”，让人最容易想到的就是社群。

有很强的社交需求，建立在人与人基础上的现实或虚拟方式聚集在一起形成的社会关系和连接就形成了社群。在社群中，每个成员都拥有清晰的目标愿景，他们都有非常清晰的定位，有共同的目标，具有相同的爱好，能够在情感上产生强烈的共鸣，由此，在社群性质的背后隐藏着社群经济。

在社群中，有的成员想要表达出对某件产品的喜爱之情，就会通过借助微信、微博、QQ等社交工具发送与产品有关的文字、图片、视频等，

这样在大家拥有共同爱好的圈子里，自然其他成员也会对这件产品加以关注，并产生喜爱之情，进而去购买这件产品，这就是借助“粉丝”的力量形成的一种社群经济。事实上，“粉丝”可以活跃在多个社群中，因此也就可以为品牌带来更多的人气。

由此可见，构建用户社群，引爆“粉丝”能量让爆款从产品中突围是非常可行性的。

用户社群是有一定的生命周期的，如下图所示。我们可以看到，用户生命周期是一个曲线图，且是有最高峰值的。用户社群生命周期共有四个时期，且每个时期对应不同的阶段：构建期（即成员获取阶段），在这个时期，主要的任务是使得用户数量不断上升，且黏度开始增加；兴奋期（即成员培养阶段），在该时期，主要任务是对成员进行培养、提升用户的兴趣、刺激用户兴奋点，使得用户黏度大幅提升；成熟期（即成员成熟阶段），在这个时期，用户开始逐渐成熟，主要的任务就是提升用户的黏

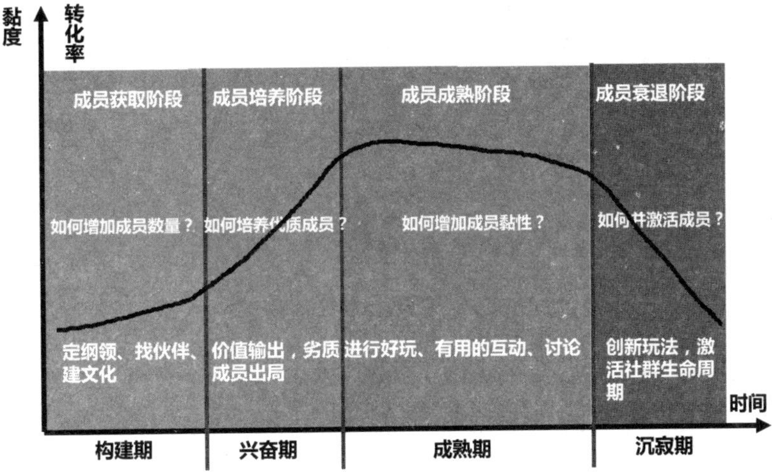

用户社群生命周期

度，而且在这个时期用户对品牌的黏性达到最高值；在成熟期过后，紧接着就会进入沉寂期（成员衰退阶段），在这个时期，用户的黏性开始逐渐衰退，而主要的任务就是想方设法激活成员，进一步提升用户黏性。

那么如何才能构建用户社群呢?

1.构建期：定纲领、找伙伴、建文化

建立社群首先就需要找到志同道合的人，这是构建社群的前提。具有清晰的定位才能保证整个社群能够朝着相同的愿景发展。

1）取名字

构建社群需要给自己的社群取一个响当当的名字，这个名字既能体现社群愿景，又需要有号召力，这样才能为社群进行很好的宣传。

2）筛伙伴

所谓“物以类聚，人以群分”，社群需要的是一群志同道合的人，鱼目混杂的社群成员不利于社群的发展和壮大。所以，在寻找伙伴的过程中要进行筛选，确保社群目标的一致性。

①付费筛选。

通常，如果对加入社群有诚意、有强烈欲望的人，即便是付费也非常乐意加入。如果他们能够舍得付费加入，那就证明他们对社群的理念比较认可。实际上，这种付费筛选的方式也为日后社群成员的管理做了很好的铺垫。

②任务筛选。

对于想加入社群但没有经济实力的人，可以用一些任务，如分享文章或推荐公众号的方式对他们进行考验，以此来判断他们加入社群的决心。

3）建文化

群文化是一个社群的核心，通过群文化可以拉近每位成员之间。如进群改群名片、做自我介绍等，这些群仪式是很好的破冰方式。

2.兴奋期及成熟期：价值输出，树立品牌，劣质成员出局

在构建期之后就进入了兴奋期，这个时期，社群成员在短暂的兴奋之后就会逐渐稳定下来，并逐渐沉淀，朝着成熟期迈进。在兴奋期和成熟期，重要的是对社群劣质成员进行淘汰，并且进行价值输出。

在这个阶段，可以设计一些参与性极强的互动和讨论方式，将品牌产品的相关信息通过潜移默化的方式在互动和讨论中植入，以达到很好的品牌宣传的作用。当然，在植入的过程中，一定要注意好玩、有用，满足这两点，才会吸引社群成员积极参与进来。

需要注意的是，社群的最大价值不在线上而是在线下，因此，在线下举办沙龙活动，可以进一步增强社群的年度，有助于后期“粉丝”向客户的转化。

另外，在这两个阶段还应当对那些经常不积极参与话题讨论和互动的“僵尸”成员进行淘汰，以免影响转化率。

3.沉寂期：创新玩法，激活社群生命周期

每个社群都有生命周期，最终都会走向衰亡，如果能在社群生命周期未结束之前采取一定的措施，可以重新激活社群的生命周期，就可以让社群重新焕发活力四射的生命力。

给社群注入新鲜的血液，是重塑社群生命力的一种有效方法，而获取这种新鲜的血液就需要对社群之前的各种玩法进行创新，如改变群昵称、善用小工具等，从而让成员在参与互动和讨论的过程中有一种新鲜感，让这互动和讨论能够继续持续下去。这种做法在延续了社群“生命”的同时，更能让品牌产品在成员中间的渗透力增强，有效提高了社群成员的转化率。

病毒式传播，让爆款价值无限扩散

英雄不论出处，同样，爆款也不论“块头”大小。在日常生活中，我们会经常发现有一些小产品很不起眼，却有十分好的口碑，有广泛的客户群体；这类小产品对目标客户来讲具有极大的吸引力，这种吸引力并非源自价格的平民化，而是产品带给消费者超乎寻常的体验——消费者刻不容缓地想要向周围的人讲述自己的使用体验。

在互联网飞速发展的今天，免费传播工具和互动平台的帮助，可以使得消费者能够滔滔不绝地讲述自己的使用体验和心得，从而也帮助这类产品的销量像滚雪球一样越积越多，这样的产品毋庸置疑地堪称爆款级产品。

银曼电子商务有限公司生产了一款沐浴产品叫搓泥浴宝，在刚上市的时候，其销售路线完全是走线下，但让人遗憾的是，这款商品自进入市场一直受到冷落，无人问津。线下销售惨淡的现状让银曼公司董事长感觉很懊恼，认为这种产品过新，于是，在经过一段时间的冷静之后，徐长应决定尝试着将这款产品在淘宝网上进行销售。出人意料的是，在短短的一个月时间里，搓泥浴宝在淘宝上的销量超过了80万瓶。搓泥浴宝能够喜获如此好的销量，完全是凭借着消费者口口相传的力量将产品从“冷宫”中解救出来并逐渐进入佳境的。可见，这种像病毒一样口口相传的力量是非常强大的。

那么如何才能通过病毒式传播实现爆款价值的无限扩散呢？

病毒式传播实现爆款价值无限扩散的方法

1.产品要接地气，切勿高高在上

如今，很多产品的设计都走高大上的路线，认为消费者用着这种高大上的产品会提升档次，十分有面子。然人，面子工程做得再好，产品不能接地气。

相反，一些非常接地气的小产品却能被大众所接受，能够在广大受众中疯狂传播和分享，“走红”成为爆款。

2.产品要讨人欢心

讨人欢心的产品，让消费者感觉有用并产生舒服、愉悦的感觉，他们就会主动将体验分享给更多的人。

3.让爆款拥有“病毒因子”

光想凭借讨人欢心的产品实现病毒式传播还是远远不够的。更重要的是，你需要使用一些小技巧，赋予产品“病毒因子”，这样可以有效增强产品在受众面前的曝光。

其实，给产品赋予“病毒因子”就是满足受众的心理需求，如喜爱、炫耀、情感共鸣等。

1）喜爱：只有对某件产品爱不释手才能让一个人发自内心的喜爱，并将感受分享给自己的亲人、朋友等。

2）炫耀：人们往往喜欢选择一些标志性的东西来作为身份判断的一句，人们之所以喜欢分享，是因为他们会觉得这个是他个人身份的象征，使用某种小产品却能解决大问题，会让他看起来更加精明、机智，会获得更多的好评。

3）情感共鸣：能够产生情感共鸣的事物才更容易勾起大家疯狂转发和传播的热情。

能够具备以上四个“病毒因子”，产品已然具备了向爆款华丽蜕变的基因。

4.让“病毒”传播实现裂变

病毒传播的目的就是为了让产品的价值无限扩散，一传十、十传百，达到病毒传播的效果，这种方法十分有效。

08 第八章 盈利模式：连环销售，让客户疯狂购买

做任何产品的目的都是为了最大限度的盈利，打造爆款的目的更是显而易见的。因此，选择适当的盈利模式是企业实现销量猛增、盈利暴涨的关键。常见的爆款盈利模式有三种，即极致单品模式、免费模式、会员模式，不同的企业可以结合自身打造的爆款性质选择不同的盈利模式，从而让客户疯狂购买。

极致单品模式：将爆款推上销量巅峰的法宝

近一两年来，在商业领域特别流行一句话“不做大而全，而做小而美”。单从科技界来看，近十年受苹果“乔帮主”的影响，越来越多的企业开始追求“极致单品”的商业逻辑。

相比于三星、华为等产品线繁多的竞争对手，小米的单品爆款策略使其销量一路暴增。小米1代的销量达到了790万台，2代的销量达到了1742万台（含2S、2A），3代的销量达到了1438万台，而红米全系列的销量更是突破6000万台。如今小米又将单品爆款的策略带入各个领域，从电视盒子到手环，再到空气净化器、净水器，小米所到之处，无不渗透着这一策略的影子。

当产品本身做到极致优秀的时候，仅仅靠一款产品就能够在市场中站稳脚跟，这一策略对于用户而言可以减少选择过程中的成本，而对于企业来讲，可以更加集中精力，可以说这种极致单品战略模式是一举两得。

所以，产品品类丰富并不意味着产品一定可以获取更高的销量，企业一味大规模地扩展品类不但不会带来更高的销量，反而还会集合造成利润的流失。极致单品的力量远胜于丰富的品类。

欧丝璐专注于羊绒衫的细分市场，每年销量都是该领域第一；王思明专注于SOIREE奢瑞小黑裙，上线仅100天就获得17万用户，如今SOIREE奢瑞小黑裙的月销售量达到上千万人民币——这就是极致单品的杀伤力。

那么如何才能打造极致单品呢?

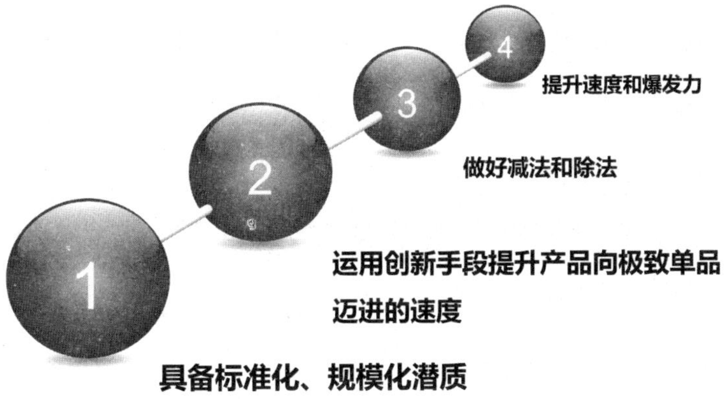

打造极致单品的方法

1.具备规模化潜质

企业做极致单品，首先就需要这款单品能够实现规模化，没有规模化的单品在市场竞争中是很难盈利的。具备了一定规模的极致单品才有价值。

2.运用创新手段提升产品向极致单品迈进的速度

做极致单品是需要不断进行创新才能加速实现的，通常创新有以下三种方式：

1）颠覆式创新

如果你具备足够强大的实力，拥有无可比拟的能力，那么你就应当从颠覆式创新入手，就像苹果对手机行业进行了一场颠覆革命一样。

当然，颠覆式创新并不是盲目进行的，需要企业在一定技术、经验、市场等积累的前提下对消费者的需求进行更加全面、透彻的了解之后才能实现。

2）改良型创新

如果不做颠覆创新，还可以通过改良的方式实现创新。这样，你的产品永远都属于市场中的创新产品，永远走在创新的路上，而你的竞争对手将被甩出很远。

3）微创新

做一些微创新也是非常不错的打造极致单品的方式，只要能做好，同样可以获得市场的回报。

在微创新方面三只松鼠可谓典范。为了能够打造出更加迎合消费者需求的爆款单品，三只松鼠会常对已有的产品进行微创新。以三只松鼠的核

桃坚果为例，他们并没有创新产品，但却在核桃的包装上下足功夫，将三只灵动、可爱、萌态尽显的松鼠作为新包装设计的亮点，从而让产品有了新的生命。

3.做好“减法”和“除法”

俗话说：“门门通不如一门精。”企业在树立品牌的过程中同样如此。所以，在打造极致单品的时候应当做减法而不是加法。

换句话说，就是如果想打造极致单品，就需要给消费者带来核心价值，如果说核心价值就是所谓的“1”，能够很好的把握这个“1”，那么就会“一生二、二生三、三生万物”。但你如果把握不好这个“1”，那核心价值也就很可能是零。

另外，打造极致单品还需要做除法，将可有可无的元素进行剔除，将必要的产品设计、原材料、工艺等进行重点投入，从而保证打造出来的产品是极致单品。

4.提升速度和爆发力

如今是互联网时代，任何事物的发展都异常迅速，如果企业打造的单品不能快速打入市场，很难抢占市场先机，占据市场份额更是难上加难，所以在铺货的过程中，能够做到“快速”和“强爆发”是非常重要的。

1）快速铺货

企业在打造完产品之后，要做的事情就是大面积向市场铺货。在这个阶段，企业需要在最短的时间内抢占市场。

2）大量铺货

在铺货的时候，要全面爆发，切不可像挤牙膏一样瞻前顾后。另外，还需要用尽“洪荒之力”集中精力一次性铺好，这样可以占有更多的消费终端。

总之，企业打造极致单品，就应当“以优势兵力，做单点极致；轻装上阵，小步快跑”，这样，可以让你的竞争对手望尘莫及。

免费模式：推动爆款流量爆发

雷军说过："做好的产品要有坚定的信念。好产品会在口碑积累下满满成长，然后在未来的某一天迎来一个爆发。"爆品的打造就是为了获取更多的流量，从而大幅提升转化率，提升成单的机会。

然而，一个企业，即便拥有再好的技术、一流的产品，如果没有流量，是很难实现盈利的。所以，流量可说是衡量一个企业能否将产品打造成爆款的标准之一，免费模式就是一个很好地大面积获取流量的方式。

举个例子，2016年底以来，国内的共享单车突然火爆了起来，各色共享单车在街头随处可见。不管是ofo小黄车还是摩拜单车或者其他品牌单车，甚至是共享电动车、共享汽车等，都越来越吸引人们的注意。共享单车、共享电动车、共享汽车的出现，在前期都是通过免费让用户试用，或者每天每周都有优惠券发放，或者以邀请好友送现金的方式为广大民众提供便利，以此来吸引更多的人来关注和使用。先让用户进来，用户通过免费的方式体验之后，自我感觉比较良好，就不由自主地把自己的心得体会以及使用产品的体验分享给自己的小伙伴们。虽然这只是一个微不足道的举动，但能够引起蝴蝶效应。由原来的朋友圈分享、借助网络社交平台进行口口相传，逐渐引起更多媒体的关注、电视的跟进报道。这样共享单车、共享电动车、共享汽车就通过免费骑行、免费驾驶的方式，让用户成为了广告传播的载体。正是这种免费模式在一夜之间使共享单车、共享电动车、共享汽车就在毫无察觉的情况下突然火爆了起来。

可见，共享单车、共享电动车、共享汽车通过免费方式实现了人气和流量的大幅提升，从而引爆社交媒体。当引爆社交媒体的时候，那么产品距离成为爆款的距离也就不远了。

那么如何通过免费模式推动爆款流量爆发呢？

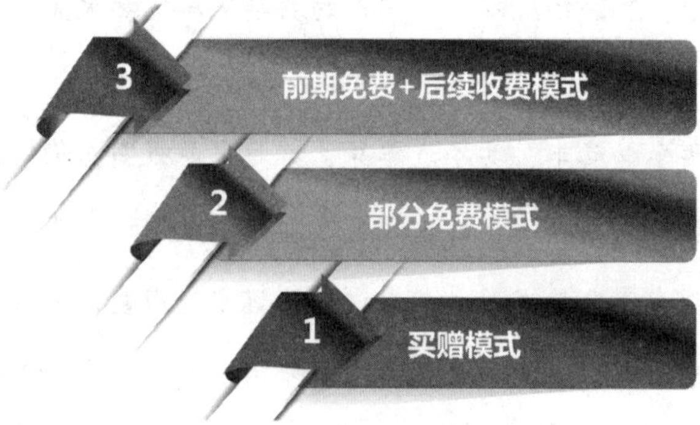

免费模式推动爆款流量爆发的方法

1.买赠模式

很多产品在使用的时候是需要在其他产品的配套和辅助下才能正常使用，这就是买赠模式。一些企业将免费的产品和付费的产品捆绑在一起，用买赠的方式激发消费者的购买热情，通过副产品的带动主产品的销售。

举个简单的例子。就像是一个SIM卡在没有手机的情况下很难发挥作用，所以很多移动通信公司都会推出一些买SIM预存话费送手机的活动，这就是典型的买赠模式。

2.部分免费模式

部分免费是企业扩展品牌知名度、增加流量的常用方法。这种方法能够自动识别不同的客户，借助价格的巨大差异化获取巨额利润。

比如，在美国不少航空公司在淡季时会推出象征性的支付购买机票活动。在这个活动中，消费者只需支付1美元就可以购买原本几百公里航程的机票，但如果需要托运行李和其他相关服务，则需要支付高额的费用。

3.前期免费+后续收费模式

很多时候，企业为了提高产品的关注度，提升知名度，吸引流量，就会在产品上市初期采取前期免费的方式，当积累到一定人气之后，企业产品已经拥有了足够大的流量规模，就开始换一种模式——后续收费模式，如折扣价购买会员等，以此来获取高额利润。

实际上，这种前期免费+后续收费模式，在前期免费的过程实际上就是一个“诱饵”，当用户已经对产品产生信任，甚至将产品作为一种不可或缺的生活必备品时，即便不再抛出“诱饵”，也会有很多客户主动咬钩。

这种模式看似让企业失去了盈利的可能，但是只要产品的质量足够可靠，前期的免费产品的成本完全可以通过提高客户忠诚度的方式收回，以“小球带动大球转”的方式帮助企业创造更多的盈利空间。

会员模式：吸引客户积极埋单的全新“圈粉”模式

会员制模式多年来一直被西方国家广泛应用。在美国，一些企业的营业额中80%来源于企业俱乐部会员，其中大部分会员都是终身会员。如今，在我国，会员模式也已经遍布市场的每个角落。会员模式之所以受到很多企业和消费者的青睐，是因为两个方面的原因：

一方面，对于消费者来讲，成为会员，就意味着其经济条件好，有很强的消费能力。这种基于需求满足，追求高品质、高价值的消费，能够体现其身份地位，同时成为会员级别的消费者能够凭借“会员卡”这张“身份证”享受优惠政策或待遇。除此以外，爆款的会员制可以将具有相同文化背景、社会地位、价值取向、兴趣爱好的客户聚集在一起，创造了一种和谐的氛围，满足客户社会归属的心理需求，并通过对会员提供更加优惠的交易条件和完善的服务，使会员产生一种备受关注的感觉，满足了用户的情感需求。

另一方面，对于企业来讲，成为会员的群体人数较少，比较容易寻找。针对这个群体，其资源比较集中，能够实现重点发展，有效培养其忠诚度，从而为企业带来可观的经济效益。不但如此，会员制能够建立一个长期稳定的市场，提高市场竞争力。因为，如果企业打造的爆款如果能够长期满足客户的需求，不但可以稳定老客户，还可以以老带新，带来更多的新客户，带来新的“粉丝”，从而实现粉丝经济，提升爆款的销量。这样看来，会员模式无异于一种全新的吸引客户积极埋单的“圈粉”模式。

会员制模式主要依托以下三大理论：

（1）留住一个老客户的成本相当于赢得一个新客户成本的1/5；

（2）老客户比新客户更加容易开展营销活动，对企业的产品和服务的接受度更高；

（3）企业80%的利润来自于其20%的老客户。

会员制模式的目的就是能够锁住客户，同时提供一定的便利和优惠，从而实现圈粉的目的。成为品牌的会员，往往可以体现享受很多专属服务，给客户带来极致的产品体验，进而使会员逐渐成为品牌的“粉丝”。可以说，会员制模式即：吸引粉丝—管理“粉丝”—快速盈利。

那么爆款如何借助会员模式进行“圈粉”呢？

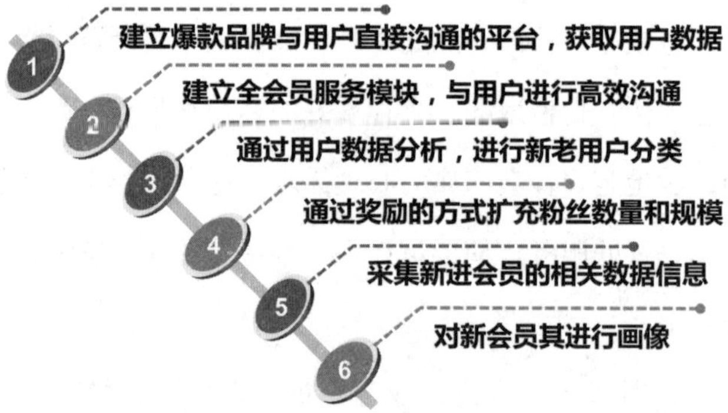

爆款借助会员模式进行圈粉的方法

第一步，建立爆款品牌与用户直接沟通的平台，如微信、微博、论坛等，在沟通过程中抓取用户的数据信息。

第二步，建立全会员服务模块，包括产品信息服务、会员优惠专区服务、客户服务，从而与用户进行高效沟通。

第三步，通过用户数据分析，再结合用户实际购买能力，将用户进行新老分类，实现以老会员带动新会员。

第四步，通过奖励的方式，通过利用会员的优势，让老会员以朋友推荐的方式带动全体会员进行会员招募，以扩充“粉丝”数量和规模。

第五步，从所有会员那里采集新进会员的相关数据信息。

第六步，对新会员的数据进行分析，并对其进行画像，充分分析其消费特点，明确其消费理念，以便在后期为其提供有针对性的产品推荐。

在借助会员制模式“吸粉”的过程中，第一步至第四步是为了“吸粉”，第五步、第六步是为了及时管理“粉丝”，通过会员制模式的有效绑定，让其成为企业的“铁粉”。

第九章 爆款推广：从认识到记住——打造爆款的“超级形象”

在如今的信息化时代，信息处于极度过剩，每个企业都争先恐后地发布大量广告来宣传自己的产品，但越是如此，消费者就越因为难做选择而在商品购买时也就越随机。因此，即便“无处不广告”，可让人铭记于心的却寥寥无几。面对这种情况，寻找更加高效的推广营销方式势在必行，只有这样才能打造爆款的“超级形象”奠定良好的基础。

不要给猫主人推荐狗粮

要想让你经过千锤百炼之后打造的产品成为大众眼中的爆款，进行广告推广是必不可少的环节。正确、精准地找到推广受众，你将获得意想不到的推广效果。然而，如果你找错推广对象，无异于向猫主人推荐狗粮，最终的推广结果必将得不偿失。所以，能否将广告进行精准投放是产品快速入市并成为爆款的关键。

那么如何才能借助大数据找到精准用户实现精准投放呢？

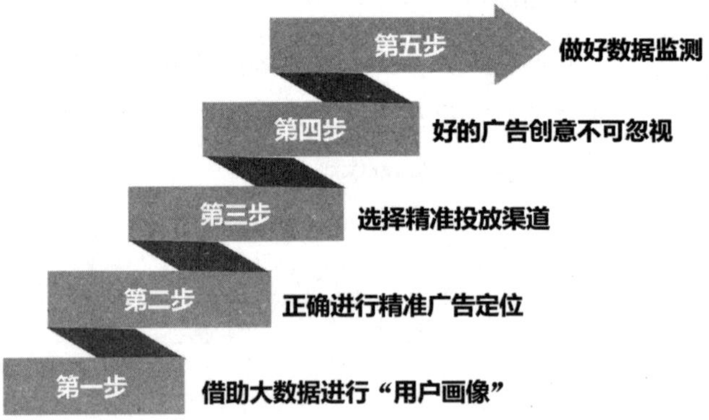

借助大数据实现精准投放的步骤

第一步：借助大数据进行“用户画像”精准匹配目标受众。

大数据本身就是一种会说话的技术，它能能够快速有效地找到用户、理解用户、服务用户，谁能够掌握大数据，谁就可以掌握市场先机和商机，而大数据的分析、预测和洞悉能力就是爆款实现广告精准投放的价值所在。

用户画像其实就是用户信息的标签化，通过广泛收集与用户有关的信息，包括社会属性、生活习惯、消费习惯、个人喜好等信息，添加相应标签，然后将用户的所有标签都综合起来，勾勒出用户特有的立体“画像”。借助用户画像，可以很好地对客户类型进行区分，如忠实客户、沉睡客户、潜在客户等，针对不同的客户群体制定相应的营销策略。

首先，要明确的是要给谁画像，画什么像，为什么画像；然后收集用户数据，将海量数据进行整合挖掘，用户画像的数据一定要做到真实、可关联应用，存在一定的周期可供偏好类模型构建；最后就是构建出用户标签，这就是用户画像的核心。这里的“标签”可以是人口属性标签，心理标签，社交网络标签，行为偏好标签、消费及购买力标签等。

第二步：正确进行精准广告定位。

精准广告定位是广告推广的核心，因此更应当注重对爆款用户群体的细分，根据第一步的“用户画像”做出的用户分类，按照不同用户的特征，如标签、需求、爱好，从而筛选出符合产品的有效用户，针对用户群的特点确定广告投放的主题。

当前，市场上大部分精准广告在分析用户时，仅从广告投放前受众的历史足迹中寻找数据并进行分析，之后在进行投放，其实这种方法容易出现偏差。正确进行精准广告定位，则更容易对投放后持续的受众行为进行进行舆情监测，更加有助于后续一系列投放策略的定制。

第三步：选择精准投放渠道。

广告能否获得有效的点击率，在很大程度上是由广告投放平台或渠道的选择决定的。如今，单一的媒体渠道已经不能完全覆盖用户群体的行为轨迹，广告投放时需要全面结合用户的日常浏览行为，进行综合性考虑，从而投放那些访问量大、人气高的网站，这样才能发挥广告投放的价值和作用，为企业带来真正地利润。

第四步：好的广告创意不可忽视。

创意是广告中较为核心的部分，决定产品或服务能否产生持续的互动性。然而，很多企业在投入广告往往忽视了创意，没有考虑提高用户转化率。

第五步：做好数据监测。

并不是广告投放出去就意味着万事大吉，可以坐等用户前来交易，此时，企业需要对广告投放后的各种数据实时监测，包括曝光率、点击量等，及时对广告进行优化，及时调整广告投放策略，才能保证投放效果。

别让广告的繁琐流失了客户

在这个竞争白热化的时代，企业为了能够在行业中“跑马圈地”，可谓做足了功课。广告推广作为企业打造爆款的一个营销方式，已经成为所有企业必做的事情。

然而，在生活处处有广告的情况下，越来越多的广告都会被过滤掉，有的是自然过滤，有的是人为过滤。但即便如此，那些经过精心设计与策划、富有创意、精简有力的广告却能够获得不少人的持续关注。

“大道至简”是这个时代所崇尚和追求的理念，对于消费者而言，相比那些冗长繁琐的广告，那些简洁有力的广告更容易在脑海中形成记忆。所以，企业借助广告推广切勿让繁琐流失了客户。

那么如何才能设计简单的广告来提升爆款的销量呢？

借助简单的广告来提升爆款销量的方法

1.整体布局简单大方

所有的广告在成型之前都需要经过精心的构思，因此必须遵循广告设计的基本原则：简洁大方。

目前，市场中的广告鱼龙混杂，失败的广告基本上是由于整体布局上的不均匀和混乱而导致信息重点不很好突出。如广告素材颜色多样化、元素过多，就会造成混乱、层次不分明的感觉。

而大方简洁的广告则元素数量适中，颜色搭配合理，突出重点。

在这一点上，无印良品可谓做到了极致。无印良品在广告设计和创意方面，通常取色简单，只使用两种色彩是它区别于其他品牌的特殊标签。

2.广告语更加直白

这正如史玉柱所说：我们一贯认为消费者是最健忘的，要想让消费者记住产品信息，首先要给产品一个准确的定位，比如我们就清楚产品的定位是“送礼”。其次是要传递出稳定的、不变的信息，具体形式就是广告中的符号不变，反复重复，才可以形成记忆。

定位于政商人消费群体的金立手机M6有一个非常明确的功能卖点就是安全，这一点正与消费者的安全需求相吻合。这款手机在打出的广告中，“内置安全加密芯片”通过代言人冯小刚和余文乐之口共出现了14次。余文乐在广告中的“任务”是让冯小刚说出“内置安全加密芯片”这句话，并说了3次。同时他通过产品经理、友商、用户的扮演方式，一遍遍地重复着这句简短的话，加深了消费者对这台手机性能的认知。

3.创意浅显易懂

好的创意要易懂才能让人记住，这样的广告再加上有效地推广就有很强的穿透力。

把广告植入到消费者的生活轨迹中

在以前，企业如果花费一定的广告费就可以在电视上投放广告，并且能够起到很好的效果，品牌知名度能够获得大幅提升。但现在，推销新品即便花费巨额广告费也未必见效，这样就给打造新品爆款增加了一定的难度。面对这种情况，最好的就是把广告植入到消费者的生活轨迹中。

举个简单的例子，平时，我们在看电视或浏览网页的时候总会有很多广告从我们的视线中闪过；在上下班路上，很多公交车身上的广告与我们擦肩而过；在候车时，各种广告溜进我们的视线；这些广告不但没被我们记住，却给我们带来了视觉疲劳感。

但电梯是每个人上班、回家的必经之路，在电梯里的框架海报平均两步电梯就有三到四个，占据了消费者早上出门第一个和晚上回家的最后一个广告，经过一两周的上下电梯，消费者对于这些电梯海报广告必然是印象深刻。我们每天乘坐的地铁车厢里经常会有各种广告，这些广告可以打发我们在乘坐地铁上班路上的无聊，每天来回两次都能够看到相同的广告，经过一段时间就会将这则广告深深地印刻在脑海当中。

事实上，这种在受众必经的封闭生活空间中进行广告投放的方式是一种被动式重复“灌输”，让广告内容在受众记忆中强化，最终达到印象深刻的目的。目前，这种把广告植入消费者生活轨迹的方式正受到越来越多企业的认同和青睐。

那么如何将广告潜移默化地植入到消费者的生活轨迹当中，从而更好地为企业打造爆款呢？

将广告潜植到消费者的生活轨迹中的方法

1.寻找黄金区域

如果能够寻找到“黄金区域”进行广告投放，必定能够起到事半功倍的效果，因此植入广告首先要选对区域，这样可以提高广告的覆盖率和辐射度。

2.发掘优质路线

人们的生活轨迹总是移动的，因此要寻找广告投放的最佳路线覆盖更多的受众。通常，上下班高峰期，公交车、地铁的人流量是最大的，选择人流量大、人口密度大的公交车、地铁作为“黄金路线”进行广告投放，可以将居民圈、商圈、CBD等很好地串联起来，提高产品信息的传递效果。

3.整合式植入

在消费者生活轨迹中植入广告，还需要在适当的时候对广告内容进行整合。将同一品牌产品的广告以不同方式进行高频投放，可以使消费者产生清晰统一的重复印象，有效提高消费者的购买率。

比如对产品地铁车厢广告、地铁候车厅广告、公交车身广告、公交车厢广告、车内移动电视广告等方式进行整合和规划。

比如某一公交路线正好途径北京欢乐谷，而公交车身上的广告正是北京欢乐谷的宣传广告，这就在很大程度上增加了消费者对营销产品的认知和印象，并激发潜在消费者产生消费行为。

可见把广告植入消费者的生活轨迹中，成为广告预算难、成本浪费、难以在消费者中形成记忆的破解方法，能为营造产品爆款的形象助力。

巧妙借助热点，快速引爆产品

深入互联网，从来不缺热点，也从来不缺借助热点为自己的品牌打造知名度的企业。能否成功借助热点话题和事件开展营销工作，是判断一个企业能否快速引爆产品的关键。

在互联网时代，借助热点开展爆款营销活动能够明显产生三方面的好处：关注度、粉丝量、转化率。这三方面是大多数企业在打造爆款过程中所追求的重要指标，可以说，学会借热点，就意味着能够快速引爆产品，大幅提升销量。

借助热点话题和事件，是指利用微博、微信结合社会热点，创造可以被传播的内容。这种借助热点的营销方式成本低且成效好。在这方面，小米、褚橙的案例就是典型的代表，但这种方式很难复制，可遇不可求。

2017年的热播剧中，《择天记》无疑位列其中。剧中的“落落公主”

可爱、感性赚足了观众的眼球，成为茶余饭后电视迷们谈论的热点。剧中"落落公主"作为百草味的主人有一句经典台词"住在百草园，种出来的当然是百草味啦"让广大观众印象深刻，这就是众所熟知的食品品牌"百草味"的广告植入方式。

作为互联网产品，百草味的"爆红"史和"落落公主"有些相似：蹭热点（紧跟男主角）+好文案（特别会撒娇）。百草味看似简单的广告植入操作起来可谓步步用心。

百草味在《择天记》中并不是一味地急于打广告，而是用一种慢热的方式，剧中有这样一组台词：

"这是我从妖族带回来的种子，自己在百草园种出来的，试试吧。"

"这是什么呀？"

"这是长生果，按师父名起的。"

"叫长生果会不会不太好啊，我们总不能天天吃先生吧。"

"那你给我起一个。"

"我觉得就叫它'百草味'吧，您住在百草园，种出来的当然就叫百草味了。"

就这样，百草味的广告不显山不露水、名正言顺地植入了电视剧中，观众们对此非但不排斥，反而喜闻乐见。

百草味的广告植入就是蹭热点，借助《择天记》的热点进行广告植入，很好地融入剧情，巧妙的将产品作为电视剧台词，使得百草味借助热点快速引爆产品顺理成章。

那么企业应当如何借助热点快速引爆产品呢？

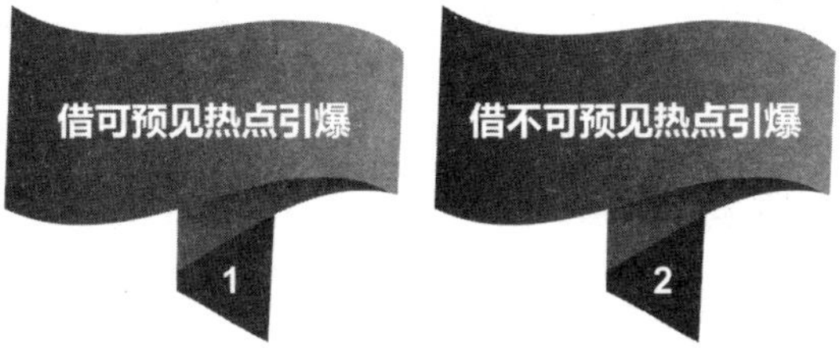

企业借助热点快速引爆产品的方法

1.借可预见热点引爆产品

所谓可预见热点，就是传统的节日和社会事件，如“双十一”和“光棍节”如约而至，这些热点是有固定的时间节点的。这类热点本身就具有覆盖范围广的特点，如果能够巧借热点与产品相结合，是一种很好的产品推广方式。

下图是恰恰集团在2017年七夕节借助节目热点做的宣传广告：

“在这个浪漫的日子，小洽决定向大家表白：洽洽是我的，我是你的”。

2.借不可预见的热点引爆产品

除了固定节假日和社会事件之外，突发的社会热点和明星八卦等都属于不可预见的热点。虽然这些热点不可预见，但能够通过诸多的互联网社交渠道（如微博、微信、百度搜索、直播平台等）在第一时间将信息分享传播出去，所以，产品广告借助于这些不可预见的热点，可以实现快速引爆产品的目的。

红星美凯龙可谓是借不可预见热点引爆产品的典范。曾经一度轰动一时的“黑人陈建州疑似‘分手’”的消息在整个网络中成为爆炸性新闻，而陈建州本人也在个人微博中晒出了这样的内容：“最近忍不住会去想，换一种新的生活方式是不是就能开心一点。我只是希望每天回到家的那一刻，能够感受到温存的拥抱，这样的要求过分吗？……明天是最后的决定。”这条微博一经发出，迅速在广大网友中间引起热议。无论是“粉丝”还是路人都等待“明天”真相揭晓。随后，这个话题一直火爆，各大媒体争相报道。

正当众多网友关注热情极为高涨的时刻，在微博发出的第二天，陈建州又一次发出微博：“每一段告别都要一段告别仪式，我知道大家好奇，也知道大家不理解，今晚8点，我给大家一个交代。”随后还附上了一条直播链接。陈建州要“另结新欢”的消息激发了人们的好奇心和窥探欲，纷纷迫不及待地前来围观这场“分手大会”。

然而，前来开“分手大会”的不仅有陈建州，还有5对情侣，他们在直播平台上上演了一场生动感人的分手大戏。此次“分手大会”直播吸引的围观人数最高峰值达到了300万。在围观完整个“分手大会”之后，网友才恍然大悟，原来这是红星美凯龙在30周年店庆时故意制造并借助陈建州“分手”“另结新欢”的热点新闻来推出自己的家具新品，旨在向广大网友表明主题：“分手”是向旧家具告别，“另结新欢”是让消费者挑选新推出的家具。

不得不承认，红星美凯龙为了推出自己的新品家具可谓在制造和借助不可预见热点方面做到了极致。

总而言之，企业之间的竞争是非常残酷的，谁能够抓热点抓得最快和最好，谁就能快速引爆产品获得先机。

量身打造软文
更能提升爆款知名度

好的产品推广都少不了软文推广方式，因为软文能够凭借其“软”达到“绵里藏针”，赋予品牌产品个性和灵性。

软文可以是文字、图片、视频等，软文推广其实是有意识地构建企业的个性价值观并寻求与消费者的个性价值观匹配的营销活动。可以说对品牌进行软文推广，也是在进行品牌文化的推广，没有营销文化，就没有品牌，就没有目标客户群。产品一旦被赋予了文化内涵之后，在变得有了温度，正是因此，软文推广受到越来越多企业的青睐。

然而，优质软文的落地点就在于软文内容能够产生共鸣，即打造爆款的过程中，软文应当围绕“能够产生共鸣”的核心进行。

软文内容能够产生共鸣的方法

1.分析用户的行为和想法

很多时候，在写软文的过程中是抱着一种“写给用户看”的心态写软文是没有价值的，因此要换一种心态，“写用户想看”的软文。

1）在写软文的时候一定要着重分析用户的行为和想法，摘清用户是谁，通过用户的真实需求，找到能够与用户产生共鸣的软文内容，那么写出的软文才能引起共鸣。

2）要和用户站在一起

和用户站在一个阵营才能增加用户对你的信任，此时所获得的才是用户最真实的“痛点”需求。

举个简单的例子。如果你是做减肥产品推销的，一定不要单刀直入，那样会让用户产生自卑感和警戒心理，而是要采用同病相怜的方法与用户一起倾诉内心的苦水，此时你可以顺势推出产品，这种方法比你直接去询问获得的效果要更好。

2.有能引起用户共鸣点的标题

一篇能够与用户产生共鸣的文章通常需要一个能够真正展现文章内容的标题。否则不能让用户产生进一步了解的冲动。

3.用文章内容聚焦小众

软文要想树立个性，聚焦“小众”是一个很好的选择方向。

槽边往事微信公众平台经常推送一些软文，其主要聚焦于各种新鲜资讯的分享。一篇题为《一句话说不清楚：关于自逼真儿童绘画》的软文，主要是从“小众”出发，以有关自闭症儿童是否都具有艺术创作天赋的话题展开，目的是想呼吁社会能够给予自闭症儿童更多的关注和安慰。这篇个性十足的文章获得了众多自闭症儿童家长的热捧，点击量惊人。

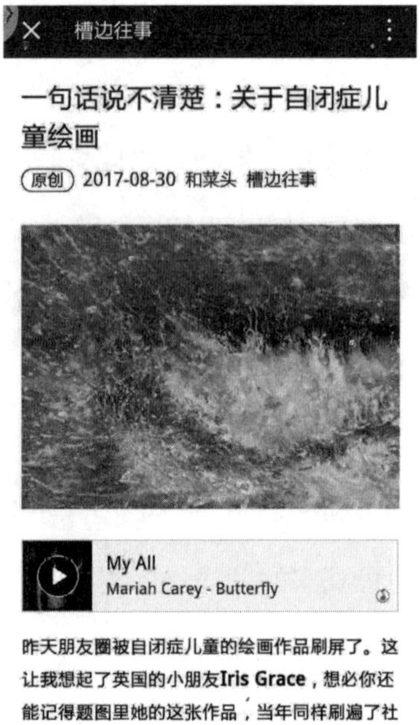

4.行文结构要富有创意

软文行文结构雷同势必给人千篇一律的感觉，要想写一篇激发消费者阅读兴趣的软文是需要做好规划的。

2017年7月27日上映的动作大片《战狼2》深受广大观众的青睐。剧中吴京饰演的冷锋充满了血性，是一个钢铁铸就却是侠骨柔肠的军中硬汉。

北京四九城微信公众平台在2017年8月26日七夕节那天推出了一篇题为《想要一个像吴京一样man的男人？机会终于来啦！》的文章，主要是借助悬疑的方式，先通过大火的《战狼2》吸引人们的眼球，之后又引出深圳某相亲角俄罗斯美女择偶布告上写的一句话“像吴京一样man就OK”的相亲条件。之后，再将文章内容引入正题——八达岭奥莱举行的第二届七夕相亲大会，整篇文章结构紧凑，并能结合热点进行创意。

5.图文并茂更具吸引力

在打造软文的过程中要在适当的位置插入相关的图片，这样图文并茂能有效增加阅读量，提升“粉丝”转化率。

下图是星巴克推出的一则软文，图文并茂的方式既给消费者带来良好的视觉体验，又能勾起消费者购买尝试的热情，可谓一箭双雕。

总而言之，在软文写作的过程中要能够站在消费者的立场上。打造一篇能够与消费者产生情感共鸣的软文，这对于提升爆款的知名度有着毋庸置疑的作用。

10 第十章

流程打造：一流爆款打造的标准流程

如何才能打造出一款与众不同的爆款？这是很多企业所关注的焦点。唯有掌握了爆款打造的标准流程，才能将做爆款变得更加容易。

知己知彼，做好市场调查和产品定位

两军对战，知己知彼才能百战不殆。商场如战场，在打造爆款前首先明白自身优势和不足，并能够明白竞争对手的优点和缺陷才更容易找到突破口杀出一条血路，所以，做好市场调查和品牌定位是打造爆款的首要任务。

1.做好市场调查分析

没有调查就没有发言权，做市场调查的目的就是为了明确当前市场需求以及竞争对手的优势，进而能够在做好充足准备的情况下“迎战”。在竞争无比激烈的商海中，无数的竞争者和层出不穷的产品充斥着每一个角落，而拥有最终选择权的消费者往往会因为收入、文化、地域、家庭背景、教育程度、消费观念、个人喜好等而各有所偏爱，因此，看似平静的商海往往暗流浮动，如果没有前期对整个市场进行深入、细致的调查，哪怕再有经验也难免会迷失方向。因此，市场调查是必不可少的。

1）市场需求调查

通过做市场需求调查，企业可以快速了解业界动态，同时更能洞察到当前消费者的“痛点”需求，从而为之后做好品牌定位打下基础，进而开发出不同的产品，满足不同消费者的个性化需求。

在做爆款之前，首先要做的就是进行市场调查和分析，可以借助以下几种方式实现：

①借助大数据分析平台

常见的大数据分析平台有淘宝数据魔方、亚马逊大数据平台、百度大数据分析平台、腾讯大数据分析平台等，不一而足。

这些大数据分析平台中包含了消费者日常消费行为记录，从这些记录数据中可以挖掘到消费者的消费喜好、消费习惯、产品需求等信息，犹如金矿一般颇具价值。

②问卷调查

企业可以通过进行问卷调查的方式挖掘有关用户的详尽信息，包括用户对产品的期望（材质、样式、颜色、形状、大小以及做工等）、喜好厌恶程度等方面的数据信息。

客户满意度及需求调查表

敬的客户：

您好！

首先感谢您一直以来对我们产品的支持和信赖，为了充分了解您对我们公司产品和服务的满意度，有助于我们进一步提升产品和服务质量，请您在百忙之中填写此份问卷。您所提出的每一项宝贵意见和建议，都将成为我们前进的方向，最终为您提供更加优质的产品和服务。

姓　名：	性别：	联系电话：
邮件地址：		日期：　年　月　日

调查内容：

1.您是通过何种方式了购买我们的产品的？

□连锁店　□媒体　□网络　□亲戚或朋友推荐

2.你对我们的产品满意度如何？

□非常满意　□一般　□不太满意　□非常不满意

3.你对我们的产品的购买意愿是什么？

□非常想买　□急需　□可有可无　□没有必要

4.您对我们的产品哪些地方是不满意的？

□外观　□功能　□材质　□工艺

5.请您对产品不满的地方给予意见或建议：

□外观 ____________

□功能 ____________

□材质 ____________

□工艺 ____________

6.您对我们的服务是否满意？

□非常满意　□一般　□不太满意　□非常不满意

7.请您对产品不满的地方给予意见或建议：

□售前 ____________

□售中 ____________

□售后 ____________

③搜集二手信息

很多中小企业虽然拥有自己的网站，但并不能涵盖所有的数据资源。可以广泛搜集相关的二手信息（即非经过一人之手的信息，也就是别人转让出来的信息），对自己无法涵盖的数据信息资源进行弥补，从而使自己做的市场需求调查更加完善。

2）竞争对手调查

要想打败竞争对手，在市场中处于不败之地，关键就在于能够了解你的竞争对手，通过市场调查获取竞争对手的各种信息，包括产品特征、产品价格、营销手段、销售渠道等。竞争对手调查的时候可以站在消费者的立场上进行实地调查，还可以从消费者口中了解竞争对手产品的相关信息。

2.产品定位

在经过市场调查之后，就可以对要打造的爆款产品进行定位。

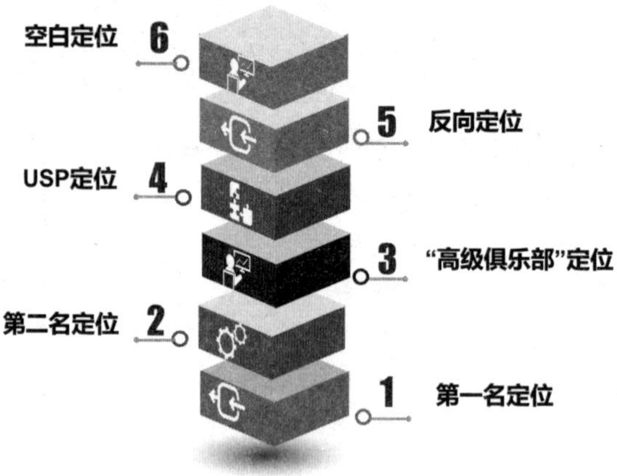

产品定位的六种方法

1）第一名定位

第一名定位顾名思义就是将自己的产品定位于行业中处于领导者地位

的产品，可以利用消费者的从众心理，比如用“销售量第一”“冠军品质”等来营造一种行业第一名的氛围。

百威啤酒在给自己定位的时候，就用“全世界最大、最有名的的美国啤酒”“百威啤酒，皇者风范”等广告词来做宣传。久而久之，消费者在多次重复听到这样的广告词之后就会记住“最大”“全世界”“最有名”“皇者”等字眼。

2）第二名定位

当产品在短时间内无法成为行业“老大”，此时就可以以退为进，定位第二名。这种产品定位可以让消费者认为企业非常务实、诚恳、谦虚，产生好印象，进而将这种好感转移到产品上。经过时间的考验之后，消费者也会认可推出的爆款产品。

在乳制品行业，伊利毫无疑问堪称行业中的“大佬”。蒙牛刚刚出道的时候，深知自己无法打败伊利，于是就用“内蒙古乳业第二品牌”的广告语为自己做宣传。蒙牛的这一举动让消费者认为能够和伊利在乳制品界并驾齐驱的产品一定在品质、实力、产业规模上不会很差，于是人们很快接纳了蒙牛。随着时间的推移，蒙牛与伊利在市场上已平起平坐，这也就意味着蒙牛已经从当初行业中排名第二跃升为与伊利并驾齐驱的“爆款”企业。

3）“高级俱乐部”定位

借助大品牌的名气为自己加分，这种方法就是“高级俱乐部定位法”。这种定位方法是借助名牌群体的声望强调自己是这一高级群体中的一员，从而提高自己的形象和地位。

4）USP定位

USP（Unique Selling Proposition）意思是“独特销售主张”，简单来说就是“独特卖点”。在为产品定位的时候，借助卖点定位策略将其打造为爆款可以在市场中获得相当有前景的发展。

5）反向定位

有时候，反向定位是一个不错的选择。所谓反向定位就是找出行业中的知名品牌，做出相反的定位，比如包装设计等。

在碳酸饮料领域中，可口可乐和百事可乐是两大品牌。百事可乐曾被可口可乐打得一败涂地，但是后来重新对自己进行定位后选择了反向定位策略：可口可乐的包装是暖色——红色，百事可乐就用相反的冷色——蓝色。通过反向定位，百事可乐不仅成功地稳站碳酸饮料市场，还成为美国第二大饮料品牌。

6）空白定位

所谓空白定位是指企业一旦推出一款新品，就能够满足潜在目标市场的需求，从而成为这一空白领域中的“首领”。哪个品牌能够找到空白领域，并能够把握时机快速进入，就会犹如进入无人之境。

企业进行市场定位和产品定位是打造爆款的关键一步，在具体操作过程中要以品牌为核心，以竞争为导向，以占领市场为目的，才能为爆款的打造做好基本的铺垫。

三思而后行，制定爆款计划

好的开始需要好的计划。打造爆款并不是盲目蛮干就能简单实现的，而是需要科学、合理、详尽的计划做指导，这样才能在打造爆款的过程中具有前瞻性和预期性，让爆款打造的过程更加快速、高效、顺畅。

那么如何才能制定好一个爆款计划呢？

好的爆款计划应当包含的内容

1.产品规划

一个企业能否在市场中存活，依靠的就是产品。如果产品具有很强的生命力，自然企业也会在竞争中具有很强的竞争优势。那么如何做产品规划呢？

1）爆款

爆款自然是企业中能够带来巨大流量，能够提升整个企业销量的产品。一个爆款可以创造一段销售神话，所以，一个企业一定要有自己的核心产品——爆款。

金冠食品有限公司在早期一直以散糖为主，产品种类多达数百种，却没有一款主力产品，年销售额也经常在2亿~3亿人民币间徘徊。

当黑糖话梅成为网络爆款产品之后，不仅给金冠带来了源源不断的收入，还带来了品类的跨越式提升。自此以后，金冠就开始加大开发、生产、销售等多个环节的投入，企业的业绩扶摇直上，年销售额逼近10亿元人民币，并且已经确立了以果仁糖为核心的战略规划。

2）拳头产品

拳头产品产品符合市场需求、有一定的销量，具有可以进一步培养成爆款的潜力。企业不仅要做爆款，同时也需要推出拳头产品，强化自己的抗风险能力。

3）潜力产品

潜力产品往往较时尚，具有一定的销量，可能会成为主打产品，但却是没有进行推广的产品。

4）基础产品

这些产品卖点平平，竞争力欠缺，只能作为企业中的配套产品进行销售。

需要注意的是，爆款虽好，但不可贪多。企业只需打造一个极致单品即可，而其他产品都是对爆款的辅助和弥补。

2.流量计划

企业与企业之间的市场份额争夺战其实就是一场流量争夺战。所以，企业在制定爆款计划的时候，流量问题是必须考虑在内的，流量获取方式和步骤也应当有详尽的计划。具体的流量获取方式已经在前文中有详细的技巧介绍，此处不再赘述。

3.销量计划

销量事关产品能否向爆款飞跃的问题，制定一个销量计划，有助于鞭策自已想方设法提升销量。

假如决定一个月内爆款的销量要达到10000件，就需要将销售数量具体落实到每一天，因此就需要做一个计算：一个月30天卖掉10000件，相当于每天要卖掉350件左右。按照平均转化率来计算，如果100个流量可以成交1单，转化率就是1%。这样，每天至少需要获得3500的流量才能完成35件的销售量。

4.培养“拳头产品”成为新的爆款计划

时代在变化，消费者对产品的需求也在变化，你的爆款未必能是永远的爆款。一旦已推出的爆款过时，就应当快速推出新的爆款，而拳头产品作为具有爆款潜力的产品是最佳的选择。所以，在打造爆款的过程中，一定不能少了对拳头产品的培养计划，目的是将其打造为下一个爆款。

打造爆款策略

打造爆款不仅仅局限于其所拥有的品质，还应当在爆款打造的过程中采取相应的策略，才能营造出一种氛围，让消费者发现其与众不同之处，进而愿意为其埋单。可以说，爆款的打造是很有学问的，如何打造一个爆款产品是一项技术活。

那么，如何应用爆款策略让一款产品的价值实现飞跃呢？

第一步：线上营销有图有真相。

互联网时代很多企业已经将爆款的打造从线下移到了线上，在线上以图文的方式展现给消费者，让消费者能够全方位了解产品。为了确保便于消费者浏览和阅读，产品图片的编排要井然有序，以突出产品卖点为目的，强化让利信息，从而吸引广大消费者的关注。

文字介绍则应当尽可能详实，原材料的甄选、精湛的加工技艺、包装的精心设计等都应当全面展现给消费者，以此给消费者带来信任感。

当然，在必要的时候，可以在生产车间拍摄相关产品生产的视频展示给消费者，这样更能让消费者对产品的品质放心。

口水娃的官方网店中对蟹黄瓜子进行了这样的描述："产品取颗粒饱满的瓜子仁，以特殊工艺制造裹上蟹黄，经过数十层工艺让产品色泽金黄、更加酥脆，并且外包装是环保牛皮纸，能够在环保又保鲜的基础上防漏、防震、防破包，内置独立铝箔包装，防潮的同时能锁住美味。"除了这样详尽的文字介绍，还配有相关的图片，使消费者在看到图文之后能够了解到更多产品信息，而这些信息是在线下看实物产品的时候并不能了解到的，所以这种方式更容易让消费者放心下单购买。

第二步：价格设置是关键。

价格设置同样是一门技术活。在打造爆款的前期，要用一种不赚钱、专赚人气的心态，消费者购买产品往往喜欢货比三家、价比三家，所以，为了不让爆款初期的低价格影响到以后的利润空间，在初期定价的时候应当注意采取一定的策略，比如用"特价""折扣""尝鲜价""活动价"等吸引消费者先打开市场销路，并附上"原价"让消费者对比，以后再适当提高售价。

第三步：设法引流。

有流量才会有销量，企业打造爆款的第三步就是设法引流。

1.线下

虽说在线下店面中销售产品："酒香不怕巷子深，商品品质好自然会有人购买，但如果能够以商品在商超货架上的陈列方式和顺序来提高销量的话，又何乐而不为呢？

那么如何排列产品才能勾起消费者的购买欲望进而打造爆款呢？

商品陈列是有一定的方式和方法的，要知道，商超中商品在货架上的排列方式和次序是有一定的原因的，并不是随意排放的。不同的陈列方式能够突出重点产品，这样就能增强产品在消费者群体中的曝光率，有助于将产品提升为爆款。

例如，一家服装店，要想从新款里打造出具有爆款气质的单品，就需要将这些“明星”产品占领店铺的橱窗、流水台等黄金陈列位置，通过重点陈列的方式，让顾客注意并锁定目标商品。

2.线上

在线上，以淘宝为例，每个产品在淘宝页面中销售的时间只有7天，在7天之后商品就会下架，消费者如果在淘宝页面选择查找产品而不做其他条件检索，如销量优先、信誉优先等，那么即将下架的产品就会自动排在同类产品前列。这时候，如果能够在分类检索栏中把你想要推广的关键词条添加上去，产品就会在消费者关键词检索过程中增加被检索到的几率。但是这种被动的等到消费者发现和找到产品远不如主动推送——花钱买首页最佳的广告位，即“钻石展位”，这样消费者打开首页往往能先看到你的产品，有利于获取流量。

需要注意的是，在打造爆款的过程中，企业必须估算投入—产出的成本，准备多少收益等。

第四步：爆款推广是重中之重。

做好爆款，口碑的力量不可忽视，进行快速推广，可以让产品在最短的时间内深入到广大消费者当中，从而增加产品的曝光量和知名度，最终提升销量。通常，推广的方式有以下几种：

1）多平台联动

企业需要掌握最新自媒体营销趋势，紧跟当下最热的自媒体工具，借助多个平台同时与粉丝互动，可在一定的时间内积累更多的粉丝，推广效果好，曝光率高。

2）即时互动

借助自媒体平台开展营销活动需要与“粉丝”保持高频率互动，通过互动增加黏性以及“粉丝”忠诚度，并经常策划有趣的活动，对用户的体验反馈意见进行及时回馈。

3）名人推荐

可以邀请明星、名人做产品推荐，同时，也可以邀请大咖为企业做进一步推荐，以达到引流的目的。

4）意见领袖推荐

意见领袖在广大消费者眼中虽不似权威，但胜似权威，因为他们往往对某一领域掌握了第一手的信息，同时在该领域有非常独到的见解，借助意见领袖的巨大影响力，可以在广大消费者中进行产品推荐，让好口碑带来蝴蝶效应。

5）媒体、专家、权威机构推荐

如果你的产品得到媒体、专家、权威机构认可，消费者自然会对产生好感，在此信任关系基础上推广产品也不难了。

第五步：让消费者“上瘾”。

企业想要打造爆款，就需要每天使劲浑身解数改变花样给消费者一种新鲜感，让消费者逐渐“上瘾”。比如0元限时限量秒杀、限量版、限量折扣、会员日大促、新品折扣等，但一定要记住物美价廉才能吸引客户，切忌华而不实地“忽悠”消费者，否则，不但无法打造爆款，声誉也会受损。

爆款销量的维护与跟进不可忽视

随着时间的推移，消费者的需求也会或多或少发生变化，企业需要对爆款产品实时跟进并加以维护，才能让爆款产品永不退色。

另外，当爆款达到一定的销量后，根据“企业80%的利润来自于其20%的老客户”以及“开发十个新客户，不如维护一个老客户”的黄金营销法则可以发现：老客户的转介绍率对企业产品销售业绩提升非常重要，在老客户良好口碑的作用下，会为企业带来连锁反应，成倍增加利润。所以，企业实时跟进老客户就相当于在维护爆款销量，实现稳中有升。

下面分别从产品本身、老客户以及服务三方面入手，介绍爆款销量的维护。

爆款销量进行维护与跟进的三个方面

1.爆款产品的维护与跟进

一般爆款都会经过四个阶段，即导入期、成长期、成熟期、衰退期，这四个阶段组成了爆款的生命周期。当爆款的销量一路加速小跑的时候，就意味着爆款已经趋于成熟期，在这个时候企业切勿沾沾自喜，要想获得持续的销量还需要做很多工作，一定要保证爆款的货源充足，对爆款的销售信息严格记录并及时参考以往数据对比，做出相应的对策来维护爆款销量不减。

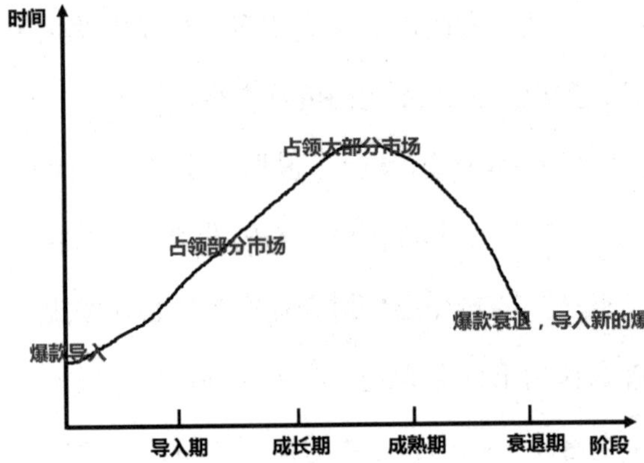

爆款的生命周期

1）爆款不断进行迭代更新

很多红极一时的爆款难免会经历昙花一现的命运，那么爆款如何突破“速生速死”的命运，保持长时间的生命力？对爆款品质、功能等不断迭代更新是一条非常不错的出路。在迭代更新的过程中，销量不但可以得以维护还可以进一步得到提升。

2）提升爆款形象

提升爆款的形象除了提升爆款的外包装设计的形象，更重要的是提升品牌在市场中的信誉度和公益形象。

可口可乐作为全球知名的快消饮品公司，旗下的各种饮品已经占领了广大消费者的心——不仅仅是产品的品质，更源于其公益心。

在当年雅安地震的时候，可口可乐在震后四个小时就启动了其灾害应急供水机制，这种机制的实验性启动在第一时间、用最快的方式为地震灾区送去了救命的饮用水，得到了广泛的好评。如今，可口可乐的这项公益计划已经让中国超过100万灾民受益，并且被当作案例广为流传。可见，可口可乐的公益活动提升了其知名度。

2.老客户的维护与跟进

1）维护与老客户之间的共同利益

“生意场上没有永远的朋友，只有永远的利益”，如果企业和消费者之间没有了共同的利益，相应的销量也就会下降。只有让企业与客户之间的利益达到最大化，才是维护流量和人气最为关键。

2）与老客户互动

企业与老客户互动，可以给客户带来温暖，留住客户。

当然，举办一场互动互动，最重要的是需要有吸引力，没有吸引力、无聊透顶的互动甚至会降低老客户对企业的好感。所以，互动具备的吸引力应当有以下几个因素构成：

①物质奖励

物质奖励是必不可少的，如果能够告知老客户“参与互动有大奖”，自然能够吸引他们前来参与。但是，在设置物质奖励的时候，首先要体现出诚意，不要用“有获得大奖的机会”“神秘大奖”这样的字眼，因为没有人愿意花大把的时间去参与没有把握或者不知道价值大小的获奖互动。其次要有创意，iPhone、Pad作为奖品自然让人欢喜，但是奖品太贵重，受惠人群自然就小，且客户看得多了，自然就不会有多大吸引力，只会觉得“又是一个用大奖骗人的把戏”。因此，设置一些有意思的奖品，人人都能获奖，自然参与的客户也乐在其中。

②精神奖励

精神奖励是一种无形却胜有形的奖励，一旦用好了，就能够极大地调动老客户的积极性，精神奖励的威力比物质奖励的还要打。更关键的是精神奖励不受成本闲置，却能够在很大程度上满足人们的某些精神上满意满足的需求。比如用来激励老客户的荣誉感、成就感、公益心等，可以通过荣誉证书、公益证书等形式给予老客户精神上的满足。

3）保持老客户的忠诚度

比如在节假日或周年庆的时候可以为老客户派发贺卡和小礼品，还可以发送优惠券、红包等方式用于产品购买时使用。这两种方式可以增加老客户的忠诚度，为企业带来更多的销量。

4）对客户反馈及时响应

对于客户提出的问题要及时响应，并且给出能够让客户满意的解决方案，这样才能够给客户带来尊重感和被重视感，赢得信誉。

5）建立客户数据并进行动态维护

维护客户关系最重要的一步就是建立客户数据库，存储所有客户的信息数据，另外，企业还应当对数据库进行动态维护。

3.服务维护

维护爆款的销量一定要做好客户服务，态度一定要好，服务一定要周到。

1）电商：随时跟踪商品物流，保证客户收到货

一旦客户付款就要尽快发货，并通知客户。当产品寄出后要随时跟踪。如果途中发生运输意外，应当尽快查明原因，并给客户致歉，尽快再次寄出产品。同时还需要保证质量，包装正规，不可以次充好。

2）退换货要认真对待

当客户提出退换货时，一定要心平气和地处理，认认真真地对待，要知道，和气才能生财，一旦你给客户带来不好的印象，势必造成客户流失。

3）回答客户疑问要耐心、热情

有的客户在决定购买产品之前，会打破砂锅问到底，此时正是考验你耐心的时候。如果你能够以足够的耐心和热情为客户一一解答，客户必然会被你这种一丝不苟的服务态度所感动，即便这次没有成交，但下次有类似需求的时候，必然会第一时间想起你。

总之，人是情感动物，如果你能够以你的真诚、热情、耐心服务于客户，你的产品质量上乘，你的服务态度良好，自然客户会选择与你成交。

第三部分

爆款经典案例：那些“No.1”品牌的爆款逻辑

第十一章 经典案例解析：这些爆款并非一夜成名

很多企业羡慕别家企业能够拥有No.1的爆款，但要知道这些成为行业中No.1的爆款并非一夜成名的，除了含金量，蕴含其中的奥妙值得我们深入研究，加以学习和借鉴。

老干妈：
快消品领域中一跃而出的传奇爆款

在调味料快消品行业，仅凭均价8元的辣椒酱就能走出国门走向全世界，成为风靡全球的超级爆款，恐怕只有辣椒酱行业中的“大姐大”——老干妈才能做到。

老干妈不仅在国内受到广大消费者的喜爱，在国外也被捧成了“高端食材”。同样一份辣酱，在国内外的价格竟相差数倍。在国内280克老干妈辣酱均价为8元，在国外则变为了“奢侈品”，售价为3.9美元，折合人民币约24元。甚至国外有的地方将老干妈定位为“尊贵的调味品”，限时抢购时销售价格达到约合人民币37元一瓶。可见，老干妈的知名度已经远播大洋彼岸，巨大的知名度超乎我们想象。

有的新品上市往往首先会考虑如何将产品迅速卖出去以回笼之前的投资，于是将重点放在了品牌包装、卖点挖掘、概念塑造、模式选择上，但忽视了最关键的产品质量，这样的爆款只能火爆一时，面对这种情况，很多企业第一时间想到的就是融资和大面积推广来冲销量，但陶碧华打造的老干妈则从来不谈融资，也很少做广告，却能将企业产品打造成享誉中外的“中华第一绝”。那么老干妈成功的秘诀是什么呢?

1.专注，只做自己擅长的事情

老干妈在注重大众口味的基础上无论是用料、配料还是工艺，都十分讲究，从不偷工减料，以次充好，最初产品，只有风味豆豉辣椒酱，现在又开发了数十个品种，成立21年以来，老干妈从未在产品上出过任何问题，每一个品种中都凝聚了陶碧华亲力亲为的心血。

正如陶碧华所说，老干妈只做本行，不跨行，自己有多大的能力就做多少事情才是真本事。

2.口口相传是最好的广告

老干妈的成功可以称得上“另类”——老干妈很少打广告，却能够在市场竞争如此激烈的情况下在调味品市场一直独占鳌头，那么如此高的销量是如何实现的呢？关键就在于口口相传的力量。这是建立在老干妈优良品质基础上的一种免费的宣传和推广方式，但其却远胜于在线上线下渠道大肆推广的效果。

总而言之，老干妈凭借小小的调味酱却能够扬名海外正应了那句老话：“壶里乾坤大，洞中日月高”。

良品铺子：
打造舌尖上的极致爆款

纵观零食行业，良品铺子系列产品不只是知名度高，更为重要的是美味健康，因此成为了零食行业中的爆款。

2017年6月22日，由世界品牌实验室主办的第十四届“世界品牌大会”上，发布了2017年《中国500最具价值品牌》，其中食品饮料行业依然是入选品牌最多的行业，共有82个品牌入选，占总入选品牌数的16.40%。

然而，在食品行业的排名中，良品铺子以101.69亿元的品牌价值，排位已经超过了同行业种的三只松鼠、盼盼、旺旺等。

另外，根据亿欧智库在2017年发布的《2016年休闲零食销量头部企业盘点》中的数据显示：2016年，良品铺子以60亿元的销量已经远超三只松鼠，坐上了零食行业的头把交椅，而三只松鼠以44.20亿元的年销量排名第二。

事实上，经过多方面的努力，良品铺子已经连续多年雄霸O2O零食行业第一品牌的宝座。

作为零食起家并能够以丰富品类为特征的知名品牌，良品铺子践行口碑效应策略，打造极致爆款，这在一定程度上为其他行业企业提供了相应的启发。

那么良品铺子是如何打造舌尖上的极致爆款呢？

良品铺子打造极致爆款的技巧

1.匠心选料，创造极致单品

良品铺子认为，一款产品是否受消费者青睐，在其对消费者产生的价值，价值越大，产品就越火爆。

如良品铺子打造了一款名为“一代佳仁”的单品，以互联网模式作为切入点，并完全站在了消费者的立场上，从消费者的需求出发，无论在选材、配方还是生产加工等环节都精益求精，最大限度地满足了消费者的需求，从而将“一代佳仁”打造成为了一款极致单品。

“一代佳仁”在打造极致单品的过程中，配方选择美国美尔康，即“热量不超标、营养要达标、绝对无添加”的方式进行产品生产；在原料的选择上更是精益求精，选择来自巴基斯坦树龄均超过百年的象牙松，产自美国加州、日照超过1800小时的巴旦木等优质坚果作为“一代佳仁”的主要用料。在生产加工环节独具匠心；在保证产品口感、营养等方面带给消费者极致的消费体验，这些是同类品牌所不可同日而语的。

2.寓情于景，带来质感生活体验

仅仅将产品做成一流品质还并不是真正意义上的爆款。产品品质固然重要，但更重要的是具备良好的体验感受。如何才能给用户带来良好的体验呢？寓情于景是最好的答案。

良品铺子在寓情于景打造爆款方面做得十分出色。消费者所体验到的不仅是一款零食产品，更是一种别样的生活体验。

这里还以“一代佳仁”为例，“一代佳仁”将珍惜健康作为切入点，感召用户用“佳仁”去爱家人，尤其是这一爆款在设计的过程中将整盒分为七包，每包重30克，一盒正好一周食用，三盒正好21天食用。这种包装设计方式非常符合生理周期循环，从这个层面来看，“一代佳仁”的定位不是一款美食，反而更像是一位朝夕相伴的好友。

3.社会化协同产品创新

良品铺子的产品创新和品质的提升完全源于其社会化协同产品创新的思维。

良品铺子在实现产品创新和进行品质提升的过程中往往考虑的是“产品针对什么人群？是儿童还是孕妇？”“产品任务是什么？是旅途必备，

还是办公室陪伴，或者是娱乐追剧？”等。有了答案之后就会进入下一步的社会化协同产品研发阶段。在这个阶段，消费者参与、专家团队以及良品铺子的食品健康研究院开始立项，紧接着就是方案、研发、评定和首发的过程。此外，良品铺子还会融入更多的IP卖点，以此来丰富产品的包装设计，为打造爆款做足了准备。

良品铺子邀请同道大叔参与产品的研发和设计，一同推出了12星座巧克力、自带鸡汤等产品，在情人节前后推广；良品铺子还携手《冰河世纪》《愤怒的小鸟》等热门影视IP推出全新的产品和包装，深受年轻一族的追捧和喜爱。

良品铺子在产品打造的过程中，吸引社会广大民众积极参与到产品研发的过程当中。无论社会化众筹产品设计，还是消费者参与产品的创新，都是为良品铺子的产品创新和品质的提升做服务，这更为成就其爆款打下了良好的基础。

故宫淘宝：
借助IP“风口”，打造电商中的爆款

近些年，一个名为“故宫淘宝”的店铺在电商领域迅速崛起并异常火爆，那么这个店铺是为何火起来的呢？

在我们每个人印象当中，故宫就是庄严、皇家、辉煌的代名词，完全不会跟“有趣”相关，但“故宫淘宝”化庄严于有趣，通过一脸“呆萌”的皇帝为品牌代言，成为了爆款。

聚焦当下文化消费市场，从内容来源到开发方式，从营销手段到产业模式，抢占IP资源已经成为了一种流行的行业现象，“IP热”已经蔚然成风，而“故宫淘宝”之所以火爆，完全是借助故宫深厚的文化底蕴而走红的，而这种故宫的文化底蕴本身就是一种强大的超级IP。可见，故宫淘宝就是看到了故宫IP这个巨大的“风口”能够产生的巨大影响力，并借此一举将自己打造成了电商行业中的爆款。

那么究竟故宫淘宝是如何借助故宫IP“风口”将自己打造成电商中的爆款的呢？

1.品牌亲民化

故宫作为广大旅游爱好者到北京的必游之处，享誉海外，故宫文化与

现代大众之间的联系也是有距离感的，然而，故宫淘宝的用户中绝大多数集中在25~34岁，这部分人正是85后、90后，对新鲜事物、热门话题、互联网化语言以及潮流产品都十分感兴趣，并且喜欢在朋友圈进行分享，这也正是为何故宫淘宝商品非常受消费群体推崇的原因。可见，故宫淘宝借助故宫文化这一超级IP打造产品的方向完全是走年轻化、亲民化路线，所以才有了如今在电商行业中的爆款地位。

具体来讲，体现在以下两个方面：

1）从被动到主动

故宫淘宝借助故宫文化IP进行产品创新，借助淘宝平台、开通微博、微信公众号，将产品与互联网接轨，则让原本有一定距离的故宫文化可以近距离接触，这种变化给用户带来一种“受宠若惊”的感觉，进而愿意购买产品。

2）从庄严到卖萌

故宫本身给人一种庄严、神圣的感觉，然而，故宫淘宝却大胆地做了个急转弯，一改庄严的厚重感，这样的大反差刺激了广大年轻用户的好奇心。

2.产品娱乐化

有趣、具有娱乐化的事物容易在大众中产生共鸣，进而愿意去疯狂转发和分享。故宫淘宝借助故宫的文化IP吸引广大消费者的方式就是采取产品娱乐化策略。故宫淘宝的产品娱乐化主要体现在以下几个方面：

1）好创意

故宫淘宝店产品将皇帝、嫔妃、宫女、大臣等的形象进行卡通化，这样有趣的风格结合产品之后就形成了让人爱不释手的娱乐化产品。

①历史进行创意

故宫淘宝中有一些产品具有趣味性，如圣旨、走着、折扇等，其中加入了皇帝形象或者皇帝语录（如“朕亦甚想你”“朕生平不负人”等），让整个产品“活了”起来。

②组合激发创意

故宫淘宝上有一款“皇帝狩猎便签夹盆栽”，该产品融合了皇帝的形象、便签夹、盆栽三个元素，可以作为摆件放在办公室或客厅等。在产品包装上，以皇帝的形象和皇帝口吻的话语，让一个原本没有语言的产品能够为自己做宣传。

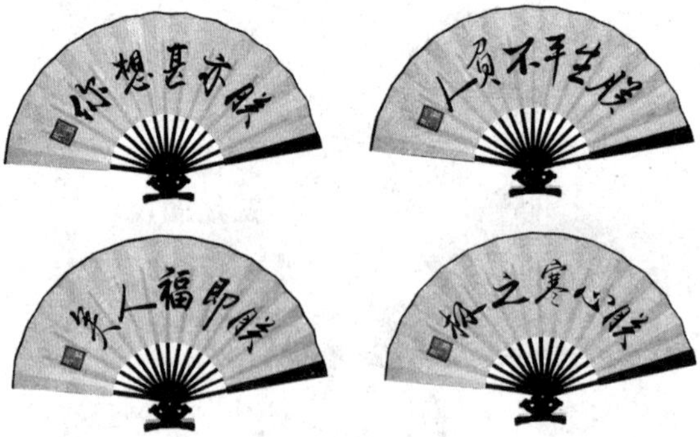

③用户驱动创意

故宫淘宝中有些产品也融入了用户的创意。一款名叫“冷宫”的冰箱贴就是在这种情况下诞生的。

当时，故宫淘宝发出了这样一条微博：“有人建议做一款冰箱贴，既能充满历史感又言简意赅，冰箱上就贴两个大字：冷宫！”

之后网友建议故宫淘宝可以和海尔合作，而海尔也发微博大方回应：“容我考虑一下。”就这样，在广大网友和故宫淘宝的互动下，半年后，网友提议的“冷宫”冰箱贴就真的上线了。

2）好的软文

一个好产品，更是不能离开好软文，这样会让很多用户更加喜爱。故宫淘宝的软文常与产品紧密相连，融为一体，成为产品的重要组成部分。

以故宫淘宝的胶带为例，仅凭一个普通的胶带是很难吸引广大消费者产生强烈购买欲望的，而如果在胶带上配上一些文字，给消费者带来的感觉就会截然不同了。

3）设计图案

故宫淘宝的页面产品图案中不乏各卖萌的皇帝、亮出剪刀手的宫女、大臣等设计形象，在卖萌中触及了用户的兴趣点。

3.用户年轻化

故宫淘宝之所以能吸引年轻用户，原因在于以下几点：

1）将淘宝店作为主要销售阵地

故宫淘宝店铺的销售渠道采取线上购物、线下体验相结合的方式，并且线上购物与线下形成了鲜明的对比，因为线下的人流量有限。如果一件文创产品仅仅以旅游纪念品的形式出现，用户对产品的黏度和价值感知是非常有限的，但如果通过淘宝平台推出故宫文创产品，就会有源源不断的流量，自然会成为极好的销售渠道。

2）将段子植入微信公众号

当前，年轻人喜欢在微信朋友圈、微信群中看幽默段子，故宫淘宝就是这样做的，见下图示意：

在这篇题为《朕是如何把天聊死的》的微信公众号段子中，直接用一句“您的好友毒四已上线”，不禁引人想点开继续阅读的欲望。文章中也是从故宫历史入手，通过各种网络语言、表情、漫画等方式植入书签产品宣传。

3）微博上与用户互动

故宫淘宝还开通了微博，在微博上经常与“粉丝”进行互动，共同参与一些话题讨论。故宫淘宝作为一个愿意与粉丝及时互动的品牌，更加懂得用户粘性的重要性，这也是故宫淘宝品牌价值越来越高的真正原因。

故宫淘宝作为电商领域中的一股清流，将故宫文化IP贯穿到系列产品的打造、运营、推广过程中；从品牌亲民化、产品娱乐化、用户年轻化出发，将会卖萌的故宫淘宝产品打造得颇具风格，成为了电商领域中的爆款，这些爆款战略是广大电商企业非常值得学习和借鉴的。

蚝门九式：
独具匠心，打造行业爆款

生蚝因其肉质鲜美而受到广大食客的喜爱，在深圳有这样一家专门以生蚝为主打的餐厅，这家餐厅的独特之处在于它突破了传统的烹饪方式，创造性的研发出了上百种蚝菜品。这家以生蚝为主题的餐厅名字叫蚝门九式。

蚝门九式16年来不但菜品数量达上百种，还成功地建立了中外蚝菜品交流渠道，成为国内蚝文化传播的扛旗者，在广大食客眼中更是餐饮行业中在蚝细分领域中的爆款。

陈汉宗作为蚝门九式的创始人，在餐饮行业中享有“蚝爷”之名，而“蚝爷”开创的蚝门九式也在全国闻名。蚝爷在打造蚝门九式的过程中可谓独具匠心，立志将蚝菜品打造成餐饮界爆款，也的确做到了。

那么“蚝爷”是如何将蚝门九式打造成餐饮界爆款的呢？

蚝门九式打造成餐饮界爆款的策略

1.创造时尚，以“匠心”找单品

据有关统计数据显示：近几年，我国餐饮市场的发展非常迅速，增长率要比其他行业高出10%以上。可以说我国的餐饮业正面临大发展时期，市场潜力巨大，前景不可限量。但从另一个方面来看，餐饮需求又是复杂多变的，消费者的口味和心理都会随着社会环境的变化而变化。基于这一点，不少企业纷纷尝试新品研发，以迎合变化的需求。但任何一个好的产品一上市，就会有其他企业跟风模仿，被“山寨”超越的情况比比皆是。

面对这样的大环境以及如此严重的跟风现象，“蚝爷”认为打造有竞争力的爆款需要用一种“匠心精神”。因此，坚持“不做更好，要做不同”的原则，在竞争较小的细分领域中开辟新天地，打造特色产品，创造特色文化。

在市场调查的过程中，蚝爷抓住没有被开发和占领的空白领域——生蚝领域进行深耕，将其做大做强。“蚝爷”认为想要打造极致单品，就需要在人们形成的“生蚝属于大排档小吃”中进行突围，于是就走高端宴席作为爆款打造的方向，给消费者耳目一新的感觉，同时创新并打造独一无二的菜品，让广大食客对这种独特的“蚝门盛宴”欲罢不能。

2.聚焦深度，完善供应链

“蚝爷”带领自己的团队开设养蚝基地，选择地质环境特殊、水质优良的红海湾作为养殖生蚝基地，培养出天然无污染、营养丰富的生蚝，从而保证了原材料的品质，也提升了原材料供应的能力。不但如此，“蚝爷”从选材、烹制、吃法、体验等各个环节追求精益求精。

但由于蚝门九式的竞品维度非常单一，因此原料的品质要求就非常严格，需要有一个完善的供应链才能满足每日的客户需求量。换句话说，就是只有完善的供应链条，才能保证店铺能够打造出极致爆款，才能成为行业中立于不败之地的领头军。于是，“蚝爷”就着手开发全新的两种原料生态——风干金蚝和生晒金蚝，这样就使得餐厅的菜品烹饪方式更加多样化，客户在口味方面也可以有更多的选择。

3.纵向、横向衍生，完善单品体系

1）纵向衍生

纵向衍生，其实就是基于同种食材，在做法上进行改良和创新。

“蚝爷”研究菜品的过程，既漫长又艰辛，历经16年，共打造出100多种不同于传统的新鲜蚝菜品，对顾客平时的点单率以及评价反馈信息进行收集，经过分析和总结，发现最受顾客欢迎的菜品菜式，从而研发出了制作精良，让人赞不绝口的蚝门九式经典菜单，这一巨大的创新让蚝门九式赢得了持续的竞争力。

2）横向衍生

横向衍生，就是在原有蚝菜品的基础上进行加工创新。

“蚝爷”并不安于现状，而是全面进行创新，从菜品的创新延伸到加工的创新，对产品深加工开发的多样化产品形态已经能够完全满足那些不方便到店的顾客，他们可以在家领略蚝门九式的美味；蚝门九式的消费人群也已经不再局限于到店消费，而是将线下线上的销售渠道合二为一，因此蚝门九式成为了人人乐道的爆款品牌。

“蚝爷”带领自己的团队将传统的晒蚝公益进行改进和融合，制成蚝干，由此打开了蚝产品的有一扇大门。此外，还将金蚝加入到粽子当中，开发出了金蚝粽，在每年的端午节都能获得不错的销量。紧接着，金蚝腊肠、黑金蚝也被开发了出来，满足了喜蚝之人把蚝带回家的需求。

在广大食客的要求下，蚝爷推送出蚝门九式的一款专属礼盒——年味蚝礼，食客在春节可以带着这款礼盒送出“蚝礼”。这款礼盒包裹金蚝腊肠、特制米、黑金蚝、铂金蚝、头水紫菜五款产品。蚝爷为了给自己的品牌做深度宣传，还特意在举人爷饮食机构公众账号公开“蚝饭”的制作步骤，让买到或收到“年味蚝礼”的人在家就能做出风味独特的“蚝饭”。食客们也对蚝爷的这种教学方式给予极大关注，很多人都积极参与互动，从学与做的过程中全家人找到了其乐融融的感觉，更是对这样的“年味蚝礼”难以忘怀。

“蚝爷”用这三大独门秘诀，历经16年打造出了蚝门九式，这让很多餐饮界人士羡慕不已。但更重要的是，他们从“蚝爷”打造的蚝门九式中明白，在这个竞争白热化的时代，唯有将产品打造成极致爆款，企业才能更加生机勃勃。

恒大球球：
彰显个性，成为功能饮料行业的爆款

近几年，快消饮品行业总是能够在不经意间出现爆款产品：2015年，小茗同学、海之言一出现，在短时间里就成为快消饮品行业中的爆款；2016年，农夫山泉上市的茶π成为了爆款楷模；2017年2月底，恒大推出了恒大球球，仅用3个月的时间销量破9300万，也将恒大球球功能饮料推上了饮料行业中爆款的地位。

那么恒大球球是如何成为爆款的呢？

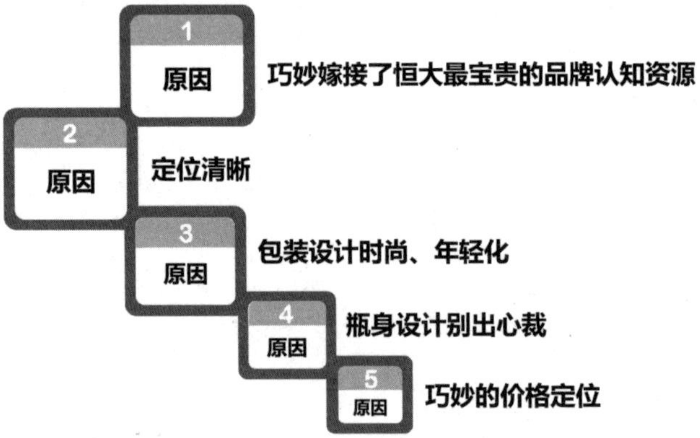

恒大球球成为爆款的原因

1.巧妙嫁接了恒大最宝贵的品牌认知资源

好产品是需要有强大的企业做后盾的，很多人听到“恒大”两个字，可能会想到恒大冰泉，但是恒大球球并不是恒大冰泉旗下的产品，而是恒大集团（即恒大矿泉水有限公司）旗下的产品。恒大集团早先的侧重点是大桶水，与恒大冰泉都有很高的知名度，恒大球球嫁接于恒大集团最宝贵的品牌认知资源，所以能够快速在饮品领域打响知名度，并获得强大的影响力。

2.定位清晰

恒大球球与市场中其他竞品有所不同，虽然是功能饮料，却有着一种彻底颠覆了传统维生素饮料的定位和命名方式。

这款产品主要针对的消费者人群集中在16~30岁的青少年，这一人群的主要特征是精力充沛，所以，这款产品主要以补充体力、缓解疲劳等功效作为卖点。

恒大球球的命名也是非常值得称赞的，因为这是品牌、品类、品名的最佳创意，包装设计将足球文化、年轻文化直接彰显，最终打造出恒大球球这款功能饮料爆款。

3.包装设计时尚、年轻化

一个好的包装设计对产品来说意味着产品的生命力。恒大球球的产品定位的过程中，打造出五款产品：传统稳重的青年一族、激情奔放的狂野青年一族、叛逆与桀骜不驯的青年一族、运动一族、爱运动的超萌美少女一族。基于此，在外观设计上也用四种不同的卡通形象来塑造，分别用猴、虎、狼、兔，打造出四款不同包装设计的产品，这些设计元素时尚前卫，能精准地诠释16~30岁年轻段追求时尚的年轻男女的内心，有利于快速抢占终端市场。

4.瓶身设计别出心裁

恒大球球在瓶身设计方面区别于市场中常规的瓶型，表面光滑、无棱角、大体积，并且瓶身两侧的长形凹槽设计更增加了用户手握的舒适感，更带来了非常好的使用体验。

5.巧妙的价格定位

恒大球球的产品容量为500ml，价位为5元/瓶，这相比于功能饮料市场中的其他产品容量略多，但价格相对较低，这样做有利于系列产品的推广和营销。